U0520667

カルタゴの遺書

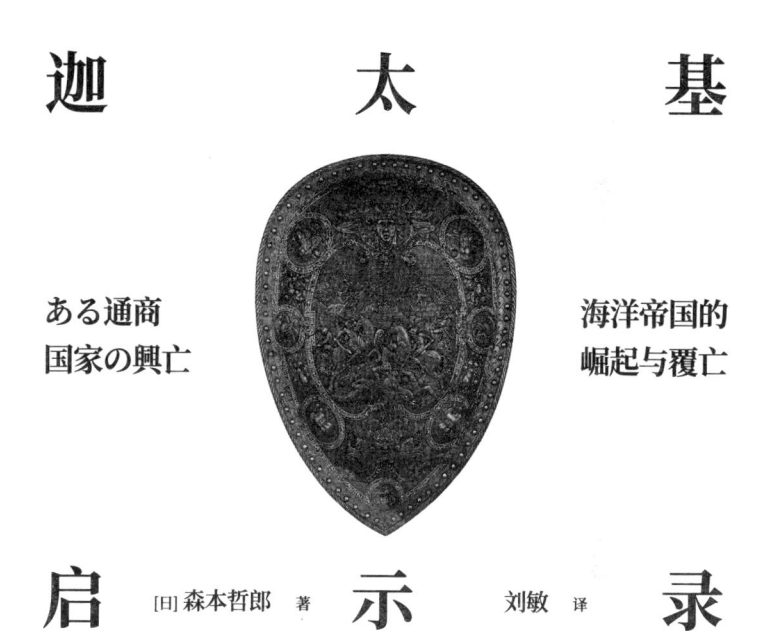

迦太基启示录

ある通商
国家の興亡

海洋帝国的
崛起与覆亡

[日] 森本哲郎 著　　刘敏 译

重慶出版集團　重慶出版社

导读

迦太基兴衰的历史宿命

李继荣

世界史博士,贵州师范大学历史与政治学院副教授地中海横跨欧、亚、非，其特殊的地理位置将它塑造成一个独特的历史大舞台。在古代史上，沿地中海而居的各个民族依托自身的地理水文，尽现才能，创造出丰富多彩的环地中海文明。埃及人、亚述人、腓尼基人、犹太人、希腊人、罗马人、土耳其人等，都曾在这个舞台上你来我往，演绎兴与衰、战与和的历史剧目。两千多年前堪比"地中海女王"的迦太基，更是早于希腊、罗马，曾一度掌控地中海世界的贸易，享有制海权，创建迦太基式的商贸帝国，但最终未能逃脱灭亡的历史宿命。今天我们回顾历史时难免会对此感到遗憾，遗憾之余，我们应该进一步思考迦太基兴起与灭亡的原因。

❖迦太基的兴起：自由贸易的商业环境

关于迦太基建城的历史由来，有各种各样的传说。从罗马人称迦太基人为"布匿人(Punic)"来看，迦太基与腓尼基人(Poenus)之间有着深厚的渊源。据说当时腓尼基人的城邦推罗(又名泰尔、提尔或苏尔)国王柏拉斯去世时，将推罗交给儿子皮格马利翁和女儿艾丽莎共同执政，但推罗人担心此举会引发政局动荡，所以只承认皮格马利翁的君主之位。皮格马利翁为了稳固王位，杀害了艾丽莎的丈夫阿克尔巴斯。艾丽莎不得已带着财物与随从逃亡至北非，利比亚国王称呼艾丽莎为狄多(Dido, 意为"流亡者")，并盛情款待了他们。在商量购买定居地一事时，利比亚国王却玩弄诡计，答应艾丽莎可购买一块牛皮大的土地。艾丽莎则想出将牛皮剪成细条，绕比尔萨山丘围地的妙计。利比亚国王被艾丽莎的聪明才智所深深吸引，要娶她为妻，但是艾丽莎坚决忠于亡夫，最终以火祭殉情，时间大约为第一届奥林匹克运动会前三十八年。

虽然此类传说不完全符合史实，但我们从中可以捕捉到一些信息。艾丽莎殉情的时间与第一届奥林匹克运动会相差三十八年，我们由此推断，迦太基大约建立于公元前814年(第一届奥林匹克运动会于公元前776年举办)，这一点恰好与考古学中关于腓尼基人定居迦太基的时间的历史证据相吻合；至于腓尼基人为什么要在此地建立城邦，可能是因为政治斗争所致，这与之后希腊人殖民运动的原因相似。迦太基建立与兴起的深层原因在于当时和平稳定和自由贸易的商业环境。公元前12世纪末，地中海世界的东部地区遭受了大批游牧民族、半游牧民族及被遣散的雇佣军的大规模侵袭，很多旧有的统治集团分崩离析，希腊文明进入"黑暗时代"，赫梯帝国覆灭、亚述王国和埃及则急剧衰落，地中海西部还未有大的势力出现，这为地中海东岸的腓尼基城邦发展海上贸易提供了良好的机遇。

推罗、西顿、比布鲁斯等是腓尼基城邦中的佼佼者，它们外无强权压制，内无王权控制，各城邦之间相互独立，借助本地盛产的木材、紫红色布匹、家用器具、兵用武器等特产，结合自身擅长造船和海上航行的优势，逐渐在地中海这一横跨欧、亚、非的水域平台上构建起一张巨大的贸易网。正因为这些城邦中的人善于经商和制作紫红色布匹，希腊人就用"腓尼基"（φοινῑξ，意为"紫红色的"）一词来称呼他们。推罗人除了会经商，还善于借助王权势力来发展贸易。公元前10世纪，推罗王先后与以色列王大卫、所罗门签订商业协定。公元前9世纪亚述军队由东而来，推罗的贸易虽遭受了一定的胁迫和压力，但亚述人也极为明智地认识到腓尼基人的财富对亚述王朝的重要性，于是保留了推罗的自治权，推罗的势力因而一路飙升，超过了腓尼基的其他城邦。

在这种略有外来压迫但总体平稳的大环境下，推罗打算进一步扩展贸易范围：一方面试图缓解来自亚述的贡赋压力，另一方面想将地中海世界完全打通，形成一个真正意义上的贸易网。于是他们开始谋划在北非沿岸建立一座殖民城市——迦太基。从贸易战略的角度来看，这座城市的选址可谓上佳。就迦太基本城而言，它坐落于北非沿岸（今突尼斯）一个由砂岩山丘构成的半岛上，三面环海，南面平原由坚固的城墙、壕沟和壁垒守护，东边岬角处有军用和商用的港湾，是易守难攻、适合商贸的天然贸易港和供给站；从整个贸易网来看，迦太基位于从黎凡特地区（地中海东岸一带）往西班牙的东西黄金航线和自北非至第勒尼安海的南北航线的交汇点上，是整个地中海世界贸易的集散地和中转站。外无强敌、内无强权、地势优越、实力过硬——这些条件注定了迦太基会成为地中海世界的"商贸骄子"。

❖迦太基的争权：竞相崛起的新兴势力

公元前9世纪末，迦太基凭借其自由的商业环境和优越的地理位置，在与其母邦推罗的协作中逐渐成为地中海世界的重要商贸城邦，被誉为腓尼基殖民地中的"女王"。迦太基不仅拥有母邦的紫红色染料、木材和象牙等原材料物品，还有深受贵族阶层喜爱的橄榄油和葡萄酒等加工类物品。至公元前8世纪，迦太基已经成为辐射圣伊比尼亚、伊特鲁里亚等地区的重要贸易城市，吸引着不同种族的人前来定居。在制度上，迦太基则依旧小心翼翼地保留着"推罗式"的传统。

公元前8世纪至前6世纪，地中海世界的局势发生了很大的变化。一方面亚述王辛那赫里布上台后，一改以前要求腓尼基人"纳贡"的政策，用武力攻陷推罗，后来新巴比伦王于公元前573年再次攻陷推罗，逼迫推罗签订了屈辱的条约。推罗独立商业政权的地位就此终结，其国势逐渐衰落。大约在同一时期，推罗在地中海西部建立的包括迦太基在内的殖民地陷入经济危机，到了公元前6世纪初，黎凡特地区与西班牙之间东西航线上的贸易的利益也因此被削弱。

另一方面，在爱琴海海域，希腊逐渐走出"黑暗时代"，诸多城邦逐渐形成；希腊还在地中海中部和东部进行大范围的"拓殖运动"，而它在意大利南部地区实施的"大希腊"移民政策，对迦太基在地中海的贸易地位形成了挑战。

在最初，迦太基还是拥有一些优势的。推罗的衰落虽然给迦太基的贸易发展带来了不利的影响，但也促使迦太基摆脱了母邦对其独立发展的钳制和限制，而黎凡特地区与西班牙之间东西航线的衰落，不仅使迦太基可以借此运用自身拥有南北航线的优势，将迦太基与西西里岛、撒丁尼亚、意大利、希腊大陆和爱琴海海域相连，形成一个辐射范围极广的巨大贸易圈，而且还在客观上削弱了西西里岛、撒丁尼亚等对迦太基的潜在威胁。东边希腊的复苏虽然开始对迦太基构成威胁，但希腊的殖民运动也为迦太基的南北线贸易发展提供了原料产地和销售市场。在这样的天时与机遇中，迦太基的国势开始逐渐恢复，其繁华程度甚至超过了以前。

推罗的衰落是迦太基进一步扩张贸易网络、重建贸易格局的一次重大机遇，成为德国学者所称的"超级强权的崛起"的催化剂。迦太基逐渐加强了和撒丁尼亚、伊比沙岛以及西西里岛之间的联系，如公元前5世纪末，迦太基不仅进一步加强了和撒丁尼亚之间的经济联系，使后者逐渐成为迦太基的粮食供应地，而且还用宗教信仰深刻地影响了撒丁尼亚人的宗教格局。不过，没有迹象表明迦太基曾以行省的方式管理过撒丁尼亚。在西西里岛，迦太基则主要控制了利利贝乌姆、莫提亚等西部和西北部地区，南部和东部海岸上的叙拉古（即今锡拉库萨）、马扎拉等城市是希腊人的势力范围。随着双方势力范围的扩展和财富的增加，迦太基与希腊之间的矛盾日益尖锐。公元前480年，迦太基趁希波战争之机进攻希腊在西西里岛的城邦叙拉古。希腊因在内耗外争中逐渐衰落，故在公元前338年的新协定中承认迦太基对西西里岛西部大部分地区的掌控权。在争权中获胜的迦太基看似获得了胜利,其实折损很大,更何况此时地中海世界出现了一个更可怕的对手——罗马,"商贸骄子"的命运开始扭转。

❖迦太基的衰落:农与商竞争的必然结果

相比较而言,迦太基与希腊有共同之处,即因各种原因(最直接的原因是缺乏足够的可耕种土地)导致农业不发达,于是依靠自身的地理优势广泛种植经济作物,开展海上商贸活动,并通过商品流通与商品交换获得最大化的利益。因此,追逐商业范围和至高利益成为迦太基与希腊在地中海世界进行争权的核心内容,也成就了古代地中海世界的"奴隶制商业文明"。罗马的兴起与发展,与迦太基和希腊的有很大区别:虽然意大利至少四分之三的地方是丘陵,但仍有大片的平原,如北部有辽阔而富饶的波河平原,西部则有埃特鲁利亚、拉丁和坎帕尼亚平原,南部的山脉也趋于平缓、土质肥沃;域内还有波河和台伯河等河流穿过;其海岸线虽然较长,但比较平直,缺乏岛屿与港湾,故其更适合发展农业而非商贸活动,早期罗马更具有发展农业文明的潜质。

商业文明更注重贸易发展,而农业文明更多关注的是土地。虽然迦太基为了构建贸易网,也在西西里岛、撒丁尼亚以及北非沿岸建立了贸易点、中转站或殖民地,但它们之间至多是一种松散的利益联盟。从推罗建立的东西方黄金航线到迦太基建立的第勒尼安贸易圈来看，推罗或迦太基看似控制了地中海世界的制海权，建立了一个"无形"的贸易帝国，但是这样的帝国是不稳固的，缺乏强大的政治支持和基础。在文明发展的初期或和平自由的环境下，这种独立自由的贸易发展是可能发展壮大，甚至出现繁荣昌盛的局面的——前罗马时期，腓尼基人、希腊人、迦太基人在城邦林立和环境相对自由的条件下充分发展了海上商贸活动，其商业发展的繁荣景象可以证明这一点。

在古代，城邦特别是农业城邦发展的趋势，多是在兼并战争中走向王国，罗马的发展就具有这一明显特征。从罗马城到波河流域再到整个亚平宁半岛，在不断扩展势力范围的过程中，以农业起家的罗马所关注的重点并非商贸上的利益关系，而是如何将被征服的土地纳入罗马的统治范围，这一点我们可以从公元前509年罗马与迦太基签订的协议条款中看出端倪。虽然罗马可能是因为力量弱小才签订的协议，但从它欣然接受"非必要（即除船只维修或献祭用品之外）不经过迦太基北部的卡本半岛（也叫加蓬半岛）"的条款，我们似乎可以看出罗马对海上贸易并不关心。更有意思的是，直至与迦太基发生正面海战，罗马都没有像样的海军。那么，在对西西里岛的争夺以及三次布匿战争中，迦太基在将才、资源、实力方面都不逊色，缘何以农为主的罗马最终以绝对的优势消灭了以商为主的迦太基？

在西西里岛的争夺中，罗马与迦太基的不同之处更加凸显。罗马更看重这里是发展农业的天赐之地，迦太基则更注重这里的贸易优势。因此，罗马一开始就希望将西西里岛变为罗马的"粮仓"，而迦太基只要求将此地变成自己的贸易站。罗马的目标是稳扎稳打，逐步占有；迦太基的目标是小心守护，坚强维持。在土地占有的过程中，占有者通常是不允许威胁其权力的其他任何势力存在的，而在贸易发展的过程中，贸易者一般会允许其他参与者按比例共享和分配利益。因此，在这场争夺中，罗马的目标就是从根本上消灭迦太基，老加图在元老院中倡议的"迦太基必须毁灭！"（Delenda est Carthago!）的口号应该是罗马人内心最真实的想法，这对于擅长经商的迦太基人来说是难以理解的。

罗马文明的农业特征塑造了罗马人务实、上进的精神，罗马人尤其善于总结教训，学习先进经验。如前所述，在第一次布匿战争伊始，罗马甚至都没有像样的海军，仓促建立的海军在公元前260年的战斗中惜败迦太基军队，但是罗马人会想尽办法弥补自己的不足。据希腊历史学家波利比乌斯记载，罗马人发明了一种名为"乌鸦钳"的装备，这种装备是一种长板制桥梁，作战时罗马人将它伸出并牢固地勾在敌方的船只上，如此这般将海战变成陆战，削弱迦太基的海战实力的同时，也充分发挥了罗马人陆战的优势。反观以商业为主的迦太基人，利益至上的追求塑造了其喜欢投机的性格。罗马军队致力于总结教训和改进，迦太基却一味盲目相信自己的实力。当罗马军队带着乌鸦钳装备再次发起进攻时，迦太基仍不把罗马军队放在眼里。迦太基轻战、傲战的心理，最终导致其在与罗马的交战中屡屡失败。

在对外征服的过程中，罗马每征服一地，都会施以有效的管理和统治。换言之，罗马从最初只有弹丸之地的罗马城到公元前3世纪征服了整个意大利，它推行的虽然是共和体制，但是从罗马城邦向外拓展的那一刻开始，其内外有效的统治制度就不断地将它推向王国或者帝国的中心，而罗马稳定且不断完善的政权体制又成为它向外征服的有力保障。反观迦太基，它虽有一些殖民城邦的支持，但城邦之间毕竟只是因利而结的松散体系。正如中国"因利而聚，利尽而散"的古语所言，迦太基的殖民体系不仅不稳固，甚至还有可能发生某些城邦倒戈而成为迦太基衰落之路上的一剂毒药。这也注定迦太基与罗马之间的战争，是一场商业城邦与农业区域王国之间的对决，"成农败商"是当时历史发展的规律，迦太基最后被毁灭的结局只是顺应了历史发展的趋势而已。昔日的希腊人、腓尼基人，这些地中海世界曾经光彩夺目的弄潮儿，都和迦太基人的命运一样，或早或晚地融入地中海世界的统一体之中去了。

❖结语：既相同也不同的历史教训

虽然希腊人和迦太基人都是商业民族，都曾是地中海世界的佼佼者，就连结局也相差不大，二者对后世的影响却大为不同。希腊文明依旧是后世之人关注和研究的重要课题，迦太基则仅作为罗马的被征服者而捎带被提及。同为被罗马征服的城邦，其结局为何如此大径相庭？从历史的角度来看，希腊人在追求商业利益的同时，并未放弃对现实生活的享受和对未来人生的思考，于是其哲学、文学、历史、教育、宗教等在希腊世界大放异彩。后来在外族征战的迫使下，希腊城邦纷纷陷落，但希腊文化深深地影响了罗马人，故而有"罗马人在军事上征服了希腊人，而希腊人在文化上征服了罗马人"的说法。现在看来，希腊文化何止征服了罗马人，希腊人创造的文化成就已经通过历史的传播成为今天西方文明的源头之一。反观迦太基人，他们一直奉行经济利益至上的原则，将发展商业看作实现人生价值的唯一目标，忽视了对文化教育的发展，所以迦太基虽然在经济上曾经很富有，但其文明方面的浅薄与脆弱使它缺乏自己的根与魂，留给后世的也只能是"曾经很有钱，结局很悲惨"的印象。与希腊人和迦太基人不一样，罗马人虽然不擅长海上贸易，但其务实的精神使他们能顺应时代发展的要求，最终凭借强大的武力和强有力的国家组织，书写了另一番地中海世界的帝国事业。

正如《迦太基启示录：海洋帝国的崛起与覆亡》作者森本哲郎所言，我们不是要学习历史，而是要从历史中学到东西。迦太基的兴亡本身就是一部令人震撼的历史启示录，其彻底消亡的结局很大程度上源于过渡地追求"利"。"人类不能只为金钱而活着"的启示和教训，不只适合警示国家，对社会和个人亦有很大的训导意义。

目录

第一章 财富的考验

时隔2131年的和平条约 /25

盛极必衰的历史规律 /27

财富的毒刺 /32

探访迦太基 /36

第二章 海的子民

大海是历史的舞台 /39

是成为"海民",还是成为"山民" /41

交易与外交之民 /43

严守秘密的铁则 /47

"怪鱼"与"怪兽"的对决 /51

第三章 商人的登场

负责交换欲望的"媒人" /55

首先有市场 /57

讨价还价的秘诀 /58

贸易都市国家的诞生 /61

跋山涉水只为生意 /64

成也财富,败也财富 /66

目次

富の試練

二千百三十一年ぶりの平和条約

盛者必衰のことわり

富の毒

そして、カルタゴへ

海の民

歴史の舞台は「海」

"海彦"になるか、"山彦"になるか

交易と外交の民

秘密厳守の鉄則

怪魚と怪獣の対決

商人の登場

欲求交換の"仲人"

まず市場ありき

駆け引きの秘術

交易都市国家の誕生

手っとり早い取り引き

金に興る国は金に滅ぶ

ライバル

灰だらけのロバ
何のための富か
経済のための政治
ふたつのライフ・スタイル

最初の舞台

悲劇はシチリア島で始まった
海の中を行く馬車
掠奪された"宝島"
怪魚と怪獣の協定

ポエニ戦争

宿命の戦い始まる
ローマの決意
新兵器コルヴス
カルタゴ、攻勢に転ず
二十四年目の結末

ハンニバル

カルタゴの放れ業
あいまいな協定
戦争か平和か
エブロ河からピレネー山麓へ
そして、アルプス越え

竞争对手

第四章

灰头土脸的驴子 /71

获得财富的目的 /74

政治为经济服务 /76

两种生活方式 /79

最初的舞台

第五章

西西里岛：悲剧揭幕的舞台 /87

在海中行驶的马车 /90

饱受铁蹄践踏的宝岛 /94

"怪鱼"和"怪兽"的协定 /98

布匿战争

第六章

宿命之战开始 /103

罗马的决心 /106

新式武器 /108

迦太基的攻势 /110

二十四年战争的结局 /113

汉尼拔

第七章

迦太基的冒险 /119

模糊的协定 /124

战争，还是和平？ /127

从埃布罗河到比利牛斯山 /128

越过阿尔卑斯山 /130

命运的十字路口

第八章

控制意大利北部 /135

始终如一的作战纲领 /138

罗马完败 /141

战士是祖国的荣光 /143

是一举冲过去，还是慎重行事 /147

战败

第九章

努米底亚的古都 /151

汉尼拔对大西庇阿 /154

一场戏开始了 /156

和平谈判破裂 /159

苛刻残酷的和约 /162

啊，战后 /164

奇迹般的经济复兴

第十章

"然后，现在才是开始……" /167

战败国迦太基复活 /170

战胜国罗马的苦恼 /174

祸兮福之所倚，福兮祸之所伏 /177

運命の岐路

北イタリア制圧

終始変わらぬ筋書き

完敗したローマ

「戦士は祖国の名誉」

一挙に衝くか、慎重に構えるか

敗戦

ヌミディアの古都

ハンニバル対スキピオ

ドラマの始まり

和平交渉決裂す

苛酷な講和条約

ああ、戦後！

奇跡の経済復興

「そして、これからが……」

敗戦国カルタゴの復活

戦勝国ローマの苦悩

何が福で、何が禍か

この国は滅ぼされねばならぬ

自決したハンニバル
一徹な男、カトー
ローマを救ったケンソル
ローマの二つの"敵"
デレンダ・エスト・カルタゴ

最期

猜疑から確信へ
またしても宣戦布告
冷酷な強制
カルタゴの弁明
訴えは退けられた
地上から消えた国

教訓

歴史に何を学ぶか？
カルタゴ最後の六日間
"呪われた地"の祟り
繁栄の要因は何だったのか？
運命を予告した叙事詩
血染めの遺書

あとがき

第十一章 迦太基必须毁灭

汉尼拔自杀 /183
加图：顽强的男人 /184
拯救罗马的监察官 /188
罗马的两个大敌 /191
迦太基必须毁灭 /195

最后

第十二章

从猜疑到确信 /199
再次宣战 /200
冷酷的强制 /204
迦太基的辩解 /207
申诉被驳回 /209
从地球上消失的国家 /211

教训

第十三章

从历史中学到什么 /215
迦太基的最后六天 /217
被诅咒的土地 /219
迦太基繁荣的原因 /223
预知命运的叙事诗 /225
鲜血写成的遗书 /228

后记
吸取历史的教训

古地中海・迦太基关系图

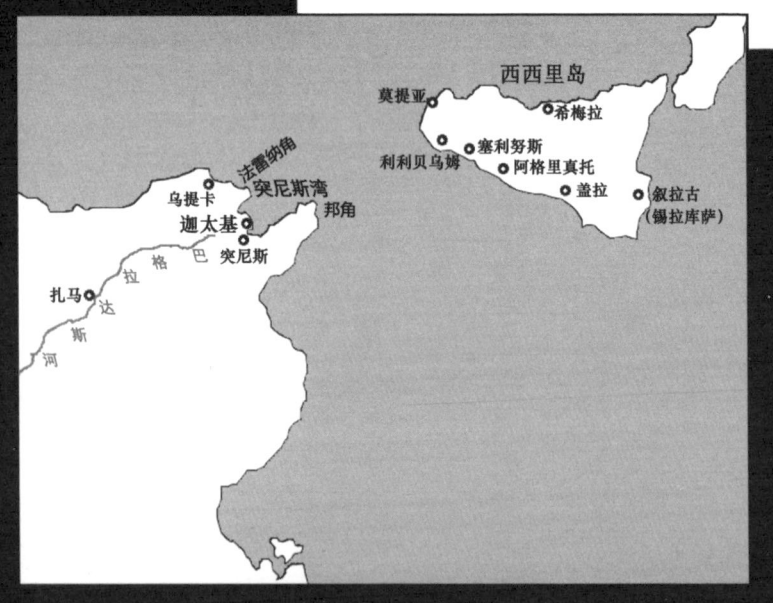

大西洋

比利牛斯山脉
埃布罗河
罗纳河
阿
马赛
科西嘉
路西塔尼亚
萨贡图姆
巴利阿里群岛
巴埃库拉
撒丁尼亚
加的斯湾
新迦太基
（卡塔赫纳）
丹吉尔
直布罗陀海峡
希波勒吉斯
卡尔塔
（锡尔塔）
阿　特　拉　斯　山　脉
努米底亚王国

撒　哈　拉　沙　漠

西西里岛
莫提亚　希梅拉
法鲁纳角
突尼斯湾
利利贝乌姆
塞利努斯
乌提卡
邦角
阿格里真托
迦太基
盖拉
突尼斯
叙拉古
（锡拉库萨）
扎马
巴格拉达斯河

迦太基周边

黑 海
比提尼亚王国
色雷斯
马其顿
吕底亚王国
马雷基亚
亚得里亚海
罗马
坎尼
卡普亚
坎帕尼亚
库诺斯克法莱
爱琴海
赫尔莫斯河
马格尼西亚
以弗所
托 罗 斯 山 脉
叙利亚
伊奥尼亚海
科林斯
雅典
斯巴达
西西里岛
叙拉古
(锡拉库萨)
克里特岛
罗德岛
塞浦路斯
西顿
推罗
腓尼基
黎巴嫩山脉
地 中 海
亚历山大
孟斐斯
大莱普提斯
锡德拉湾
昔兰尼加王国
的黎波里
埃 及

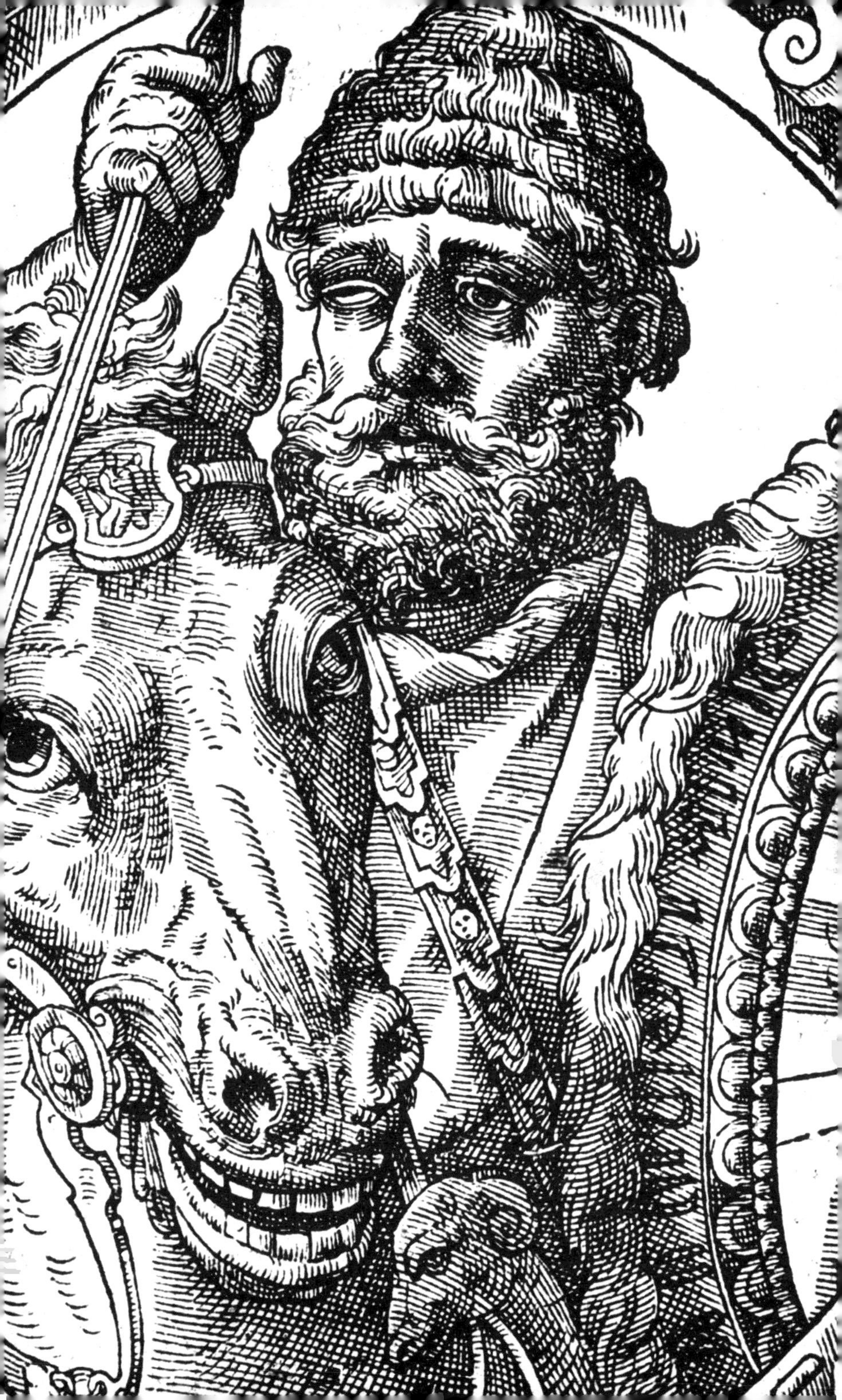

第一章

财富的考验

富の試練

❖时隔2131年的和平条约

这是一个经济大国的历史,也是描述它之所以能成为贸易大国的故事。

两千多年前,这个国家是地中海地区最繁华、最有活力的经济强国,但是,一味追求财富使它树大招风,导致它在短短的数百年之后从地球上彻底消失。它的财富,使附近的小国因羡慕而生嫉妒,后来嫉妒转为恐惧,进而变成憎恶之情,最终使它被新兴的军事大国彻底消灭。

承受这场悲剧的经济大国叫作迦太基〔Carthage,"Qart Hadasht"(迦尔德·哈达斯特的简称),意为"新城"〕。最先成为这个国家的竞争对手的是希腊,而同一时期的罗马则养精蓄锐,后来一跃而成为军事大国,取代了希腊。罗马前后三次挑衅的结果,最终将迦太基彻底打败,使它从地球上消失。

正因为迦太基是个经济大国,才会给罗马帝国所谓的"罗马和平"带来那么大的威胁,从而被罗马视为敌人。

迦太基隔着地中海和罗马遥遥相望,其中心区域即现在的突尼斯首都所在地。意大利半岛与北非隔海相望,而西西里岛则扮演着踏脚石的角色,其北侧有撒丁岛、科西嘉岛直逼意大利的胸口。这些岛屿——特别是西西里岛——之所以成为战争的导火线,我们只要打开地图,观其地势,便一目了然。因为在地中海贸易中,西西里岛是一个其他地方无法取代的重要基地,也是一艘"永不沉没的贸易船"。

阅读至此，读者或许会认为这只不过是一个两千多年前的老故事罢了。

千万别这么想！

两千多年来，世界发生了翻天覆地的变化，尤其是20世纪的剧烈变化更是史无前例，世界政治、经济地图也随之改变，但是，人类社会的基本面貌可以说没什么改变。事实上，人类的历史是绵延不断的。人们争权夺利的行为，直到今天仍然存在于我们的生活中，丝毫没有改变。从这个观点来看，两千多年前的事情仿佛发生在昨天。

事实上，罗马与迦太基的战争，就是"发生在昨天"。为什么这么说呢？因为直到今天，人们仍然承袭着那场战争的形态。现在世界上所谓的超级强国，正扮演着昔日罗马的角色，而与迦太基同一角色的经济大国，不也跟以前一样，正与这个超级强国产生摩擦吗？因此，我们应该吸取历史的教训，警惕这种前车之鉴，不可重蹈覆辙。

罗马、迦太基之战一共打了三次，史称"布匿战争"（Punic Wars。拉丁人以"Poeni"，即"布匿"一词称呼腓尼基人，Punic是形容词）。结果，迦太基被罗马彻底地消灭，连讲和的条约都没有签订。罗马在迦太基的废墟上建立新都市迦太基，作为罗马的行省之一。

两千多年的岁月慢慢流逝。人们所歌颂的永恒之都、永远不可能被毁灭的罗马帝国后来也日渐衰落，最终被日耳曼民族所攻陷和取代。不知何时，布匿战争已经从人们的记忆中消失了。

但是，历史是不可能被抹杀的，人们对历史更是不可能不闻不问。1985年2月5日，罗马与迦太基之间原本无人问津的和平条约，终于在第三次布匿战争结束两千一百三十一年之后缔结了。法新社从位于迦太基故址的突尼斯发了一份电文，内容如下：

在布匿战争中激烈对抗的罗马和迦太基，于5日（即1985年2月5日）签订了时隔两千一百三十一年的和平条约。

两千多年前，罗马帝国通过三次布匿战争消灭了北非的城市国家迦太基，但是直到如今，罗马与迦太基的后裔，也就是现在的意大利和突尼斯才解决这个"千年悬案"，达成协议。双方市长在突尼斯的郊外签订了协议书。所谓的"和平"，当然指的是现代的事情。协议书呼吁双方保持地中海地区和东西两阵营的和平。

协议书的签字仪式在古迦太基的迎宾馆举行，突尼斯的布尔吉巴总统夫人及总理姆扎利见证了这一历史事件。（1985年2月7日《读卖新闻》转载）

正是如此，人们已经开始用新的观点来回顾两千多年前的历史了。

❖ 盛极必衰的历史规律

迦太基到底是什么样的国家呢？它与希腊、罗马又有什么利害关系呢？如果我们想了解这些，就必须回顾两千多年前地中海的情势。

不过，巨细靡遗地探究当时的世界并不符合我的一贯作风。回顾当时的情势，我的感触是人类的本性从古至今丝毫未变。我们能从人类的历史中发现一个历史规律，那就是"盛极必衰"。

这个观点是从佛教的无常观来的，再加上一些日本式的情感，便成了《平家物语》的开篇名句。去掉其中的感伤成分，这句名言也适用于历史哲学。回顾人类的历史，从来没有一个盛而不衰的例子。时间虽然有先后之别，万物却流转不息，就像《平家物语》的作者所说："骄者必败，犹如春梦；强者必亡，犹如风前尘埃。"

"永远的罗马"也无法永存不朽。迦太基在罗马的强攻之下，结束了几百年繁荣的历史。这两个国家的命运，不正是说明了盛极必衰的历史规律吗？长命的罗马、短命的迦太基，神赐给两个国家的"寿命"虽然截然不同，但它们的结局是一样的，也就是说"永远的荣华富贵"是不可能存在的。

迦太基是何时在北非地中海沿岸建立的，我们只能依靠神话传说来了解一些信息。希腊神话就提供了不少传说。

根据希腊神话，在很早以前，统治迦南（今巴勒斯坦一带）这个地方的是海神波塞冬的儿子阿格诺尔。阿格诺尔有五子一女。当时，宙斯爱上了他的女儿欧罗巴，便化身为白色公牛接近她。毫不知情的欧罗巴见公牛健壮无比，便骑到它的背上。由宙斯化身的公牛突然开始奔跑，游进海里。如此，宙斯成功地将欧罗巴绑架到克里特岛，将她据为己有。后来欧罗巴生了三个儿子，其中一个叫米诺斯，后来成为克里特岛的国王，另外两个儿子分别叫拉达曼提斯和萨耳珀冬。

阿格诺尔发现女儿失踪后，便派儿子们到各地去寻找她的下落。其中，菲尼克斯到了北非（旧称利比亚）的迦太基发祥地，成为腓尼基人（古代迦太基人）的祖先。后因父亲去世，菲尼克斯才回到迦南，继承父亲的王位。传说后来迦南因此改名为腓尼基。

至于阿格诺尔的其他儿子，西利克斯来到小亚细亚，把当地命名为西利西亚；卡德摩斯经过爱琴海各小岛，来到德尔斐神示所，依神的指示，建立希腊的城邦忒拜（又名底比斯城）。（以上根据古斯塔夫·施瓦布著《希腊神话故事》。）

这则神话意味着什么呢？

我们可以猜测施瓦布描述宙斯劫掠欧罗巴，可能是暗示希腊人以克里特岛为根据地，入侵腓尼基。但不管如何，这个故事主要是告诉我们，由腓尼基人所建立的商业城市迦太基的商人，在很早以前就和希腊人以地中海为舞台，展开激烈的贸易争霸战了。

对此，希腊人的解释是希腊先占领了腓尼基。相反，腓尼基人则说是腓尼基先在克里特岛厚植势力，从北非攻占了希腊本土。

如此看来，"劫掠欧罗巴"可以说是极具象征意义的事件了，因为所谓的欧罗巴指的就是今日的欧洲。

迦太基建国的由来，以此故事为首，众说纷纭。迦太基的母邦应该是包括今天黎巴嫩所在地的腓尼基各大都市。这块土地面临地中海，背后为黎巴嫩山脉所迫，形成细长的海岸。此地虽然农耕地面积狭小，却有许多良港。腓尼基人之所以能成为"海民"，可以说拜地理环境所赐。

腓尼基人只要发现良港，便在那里建立起若干个都市，完全不发展农业或畜牧业，只埋头发展海上贸易。幸运的是，黎巴嫩山脉就像一座高耸的城堡，成为那些都市的屏障，而且还为腓尼基人提供了造船最好的木材——黎巴嫩杉木。

发展商业最重要的前提条件是拥有充足的运输工具。腓尼基人充分利用这些杉木，精心造船，使其逐渐成为世界造船之王。如此再加上他们天生的商业才能，腓尼基人就成为地中海地区"商人"的代名词。

在腓尼基的沿海城市中，最繁荣的城市是西顿（即今赛达）和推罗，以及叙利亚沿岸的比布鲁斯。后来推罗脱颖而出，成为腓尼基地区的重心所在地，而迦太基的母邦，正是推罗。

今天的推罗位于突出的海角上，两千多年前的推罗则位于离海边一公里，满是岩石的小岛上。推罗原来只是腓尼基的沿海城市之一，后来推罗王希兰为了安全起见——因为小岛上藏有无尽的财宝——便将王宫移到此处，推罗便逐渐成为腓尼基地区的中心都市。

推罗意为"岩石"，这个"东方的曼哈顿"的南北两侧皆宜建港。腓尼基人在这些地方建造大规模的港口，北边的港口为国内线，南边的则为国际线（就像现在的机场分为国内线、国际线一样）。

如此，推罗人便以港口为据点，积极地进行各种交易。在此顺便提一下，腓尼基人宣称他们的名字是希腊人取的，他们从来没有如此称呼过自己。无论如何，他们做生意的本事的确令人刮目相看。

当时其他民族是怎么看待他们的呢？《圣经》上有许多记载。例如，《以赛亚书》中有这样的描述："他（推罗）的商家是王子，他的买卖人是世上的尊贵人。"（第二十三章）

《以西结书》则通过神的警告对推罗商人的贸易活动进行了更详细的描述："一切泛海的船只和水手，都在你中间经营交易的事。"

腓尼基人究竟买卖哪些东西呢？他们交易的货物首推银、铁、锡、铅等矿物；其次是奴隶和铜器、驮马、战马、骡子；还有象牙、黑檀、土耳其宝石、紫红色布匹、高级亚麻布、珊瑚、红宝石，以及小麦、玉米、蜂蜜、油、乳香、葡萄酒、羊毛；还有桂皮、菖蒲、毯子、马鞍、羊，以及顶极香料、黄金、豪华服饰、五彩斑斓的垫子、坚固耐用的钢索……

这些都是从塔尔苏斯、罗德岛、亚兰、犹太和以色列、大马士革、示巴、哈兰、亚述等地运来的。

然而，正是因为这些财富太过招摇，推罗最后被巴比伦王尼布甲尼撒二世所消灭。

《以西结书》中这样记载：

你靠自己的智慧聪明得了金银财宝，收入库中。你靠自己的大智慧和贸易增添资财，又因资财心里高傲。

所以主耶和华如此说：因你居心自比神，我必使外邦人，就是列国中的强暴人临到你这里；他们必拔刀砍坏你用智慧得来的美物，亵渎你的荣光。他们必使你下坑；你必死在海中……(第二十八章)

这就是推罗得到财富的报应。

❖ 财富的毒刺

财富犹如蔷薇，令人喜欢，可是又布满了刺。刺指的是周围的人们因羡慕、嫉妒而酿成的敌意。因为欲望乃憎恶之母。

不仅如此，财富还会给人们带来祸害。祸害指的就是《以西结书》所提到的心高气傲："因你贸易很多，就被强暴的事充满，以致犯罪……又因荣光败坏智慧……"(第二十八章)

这一段指的就是"财富的毒刺"。大多数富人都不能摆脱这个祸害。因此，《平家物语》的作者这样断言："骄者必败，犹如春梦。"在神的惩罚降临之前，财富的毒刺已经刺在推罗身上了。迦太基建国的故事也提到了这一点。

根据传说，大约在公元前9世纪(一说是公元前814年)，迦太基由推罗的公主艾丽莎所建，整个传说是从争夺遗产开始的。

推罗王柏拉斯临死前立下遗嘱，要求国家由儿子和女儿共同统治。但一山不容二虎，哥哥(一说为弟弟)皮格马利翁与妹妹(一说为姐姐)艾丽莎之间很快起了争执。

当时，管理推罗财务并兼任大祭司的男子阿克尔巴斯是艾丽莎的丈夫（一说为皮格马利翁和艾丽莎的叔父）。皮格马利翁唯恐他乘机夺权，于是把他给杀了。皮格马利翁还想将自己的妹妹处死。艾丽莎得知消息后，用船载着遗产，悄悄地逃出了推罗。艾丽莎一行经过塞浦路斯岛，到了北非沿岸，之后在那里建立了迦太基。

当然，这不过是个传说罢了。可能是因为推罗一手掌控了地中海的贸易大权，为了建立更多的交易地点，它便在塞浦路斯及北非沿岸设立了不少据点，迦太基便是其中之一。传说中的权力之争，我们不敢断言没有发生过，相反，很有可能发生过。

毋庸置疑，越是有钱，遗产之争越是激烈，因为财富的毒刺已经刺在两位继承人的身上了。

话说艾丽莎一行经过非洲大陆北岸，到达现在的突尼斯所在地，向当地居民利比亚人（又称阿非利加人）购买土地。据说她向土著展示牛皮，并表示她要用牛皮跟他们交换该牛皮所能覆盖的土地。利比亚人认为没有比这个更划算的交易，便一口答应。没想到艾丽莎把牛皮剪成细条状，再连接起来，围了一大片土地。

因此，有迦太基"卫城"之称的"比尔萨山丘"的比尔萨，就是牛皮的意思。

当然，这又是个传说，但这个故事将推罗人做生意的手腕表现得淋漓尽致。

一说到欺诈，我们便会认为罪大恶极，在古代，它却是商人的惯用手法。人们甚至认为"狡诈"是智慧的一种表现，而做生意就是一场"智慧"之战。腓尼基人就是靠着他们的"智慧"建立了庞大的贸易网络，发了大财。所以，腓尼基人和迦太基人给人的印象是很狡猾的。然而，认为腓尼基人是狡猾民族的希腊人，使用起欺诈手法来也毫不逊色。

《希腊神话故事》便可证明这一点。希腊神话里不是描写了许多互相欺骗的故事吗，连万神之王宙斯都被骗了好几次。

普罗米修斯趁宙斯不注意的时候，从天上盗取了火。于是，宙斯命令锻冶之神赫菲斯托斯用土做出一个女人，即潘多拉，又命令其他诸神将潘多拉打扮成绝世美女，然后将她送入凡界。虽然普罗米修斯识破了宙斯的美人计，他的弟弟埃庇米修斯却迷上了潘多拉，并娶她为妻。

潘多拉出于好奇心，把她从天上带来的装满"灾祸"的盒子打开，盒子里面的"灾祸"立即飞了出来。埃庇米修斯见状立即将盒子的盖子盖上，唯一留在盒子里的却是智慧女神雅典娜悄悄放在盒子底层的美好东西——"希望"。这就是有名的"潘多拉的盒子"的故事。

像这一类的神话，描述了许多互相欺骗的故事。前面提到的"劫掠欧罗巴"，描述的是宙斯的奸诈狡猾。

关于迦太基人做生意的法则，希腊历史学家希罗多德却有不同的看法。他在自己的著作中这样写道：

迦太基人中流传着这样一个故事，在遥远的"赫拉克勒斯石柱"（直布罗陀海峡两岸对峙的两座峭壁的古称）的地方，有一个由利比亚人组成的国家。迦太基人用船将货物运到这里，然后将货物卸在岸边，再回到船上，点起烟火。

当地居民看到烟火，便将购买货物的黄金放在岸边，然后退得远远的。迦太基人下船查看黄金数量是否足够购买他们的货物，够的话，取了黄金就走；如果不够，则再次回到船上。当地居民会不断追加黄金，直到迦太基人满意为止。

整个交易过程，双方都没有不法的行为。迦太基人在黄金数量足以购买他们的货物之前，绝不碰黄金一下。当地居民在迦太基人未取走黄金之前，绝不碰货物一下。《历史》，卷四）

这段记载非常清楚地描写了迦太基人进行商业活动的情形。希罗多德强调的是迦太基人老实的从商态度，但是我比较感兴趣的是，迦太基人航行到遥远的地中海西岸贩卖商品的热情。

也许是因为语言不通，他们才会采用这种方式交易。这种交易方式的确是老实人的做法，但我们也必须考虑到，他们不知道当地居民的禀性，在这种情况下，如果不老老实实，可能会招来杀身之祸。

无论如何，有一点是可以确定的，即迦太基人可以说是出色的经济动物。当时，无论是从商的热忱，还是做生意的手法，他们都是出类拔萃的。当然，他们也会被其他民族——尤其是他们的竞争对手——视为异类，视为可怕的家伙。他们的竞争对手之一希腊人更是严厉地批评迦太基人。

例如希腊传记作家普鲁塔克就犀利地指出：迦太基人是苛刻、不易相处的民族。他们对上司毕恭毕敬，对下属则不讲人情；遇到危险就变得懦弱，生起气来像个暴君；一钻进牛角尖，就会固执得连十头牛都拉不回来。此外，他们严肃自律，可以说是不懂幽默和亲切是何物的民族……(唐纳·哈登，《腓尼基人》)

出生于埃及亚历山大城的罗马历史学家阿庇安则批评他们说："迦太基人在发达的时候表现得冷酷、傲慢，可是一旦跌入逆境，就会变得卑躬屈膝。"

这些评语可能是事实，但只要是人，或多或少都会有这种毛病吧。

老实说，当我看到这些评语时，心中为之一震，因为今天世界各国也是这样批评日本的。我突然萌生了研究迦太基的奥秘的念头，于是怀着复杂的心情，拜访了昔日迦太基的所在地——突尼斯。

❖ 探访迦太基

十几年前，我第一次去突尼斯探访迦太基的遗迹。当时，我站在遗址现场，映入眼帘的是由含羞草花搭成的金黄色隧道。无论是干燥炎热的热带和亚热带，还是温暖湿润的温带地区，都适合含羞草生存。北非地中海沿岸可以说是含羞草的主要分布地区，所以海边绵延不断地开满了金黄色的含羞草花。

虽然说是迦太基遗址，事实上，突尼斯并没有任何迦太基的痕迹。我们通常在迦太基湾所看到的一大片遗址，其实是罗马帝国征服了迦太基并将它消灭之后所重建的都市的废墟。

伫立在比尔萨山丘上，我似乎看到昔日战士们的魂魄像一团团云雾般从茂密的春草丛中慢慢升起。五颜六色的野花在海风中摇曳。在这片废墟里，我们可以看到到处都是下垂的金黄色枝叶。看着这幅景象，我不禁想到，这些含羞草不正代表着已经幻灭了的迦太基的黄金吗？

犹如春梦——人们拼命追求的财富，到底是什么东西呢？人们追求财富，也因财富而亡，所以财富可以说是一项考验。人类本来就有能力忍耐贫穷的生活，因为贫穷会激励人心，产生巨大的生存力量；但是，财富反而会夺去人们的能力。就像《以西结书》中所说的那样，人们"因资财心里高傲""因荣光败坏智慧"。

今天，在世界上，日本人不也正面临着这种"财富的考验"吗？因此，探讨迦太基的悲剧史，将是与我们息息相关的课题。

想到这里，我心情沉重地踏着地中海落日的余晖，走过比尔萨山丘。

第二章

海的子民

海の民

我们可以从各种角度来解读人类的历史，人类的历史也会因人们视角的不同而被解读成不同的样子。因此，看法不同，整个历史将会解读得完全不同，充满崭新的意义。所以，我们不是要回顾历史，而是要经常面对历史，时常对过去的事情进行讨论。

历史可以有好几种解释，有时史料记载与历史事实正好相反。即使我们以科学的精神，客观严谨地核查史料，评价史实，历史毕竟是过去时，无法复制，更不能重现。虽然让历史重现是研究历史的必要方法，但是，我们研究历史的最终目的是探讨昔日现象所代表的意义。就算历史能重现，它所代表的意义也可能并没有显现出来。毕竟，要了解历史的真义，必须依靠我们自己的独立思考。

❖大海是历史的舞台

当我读完德国政治家卡尔·施米特的著作《陆地与海洋》之后，我才领悟到上面提到的了解历史的真意必须依靠自己的独立思考的道理。如《陆地与海洋》的副标题"世界史考察"所示，这是一本从海洋开始探讨世界史的著作。

地球上最早的生物来自海洋，这是众所周知的常识。很多海洋生物后来爬上陆地，继续生存。

不用说，人类是陆地动物。人类最终征服了陆地，成为万物之灵。人类成为陆地之王，当然是以陆地的观念来生存的，所以支配人类思考的，是陆地性的观念，而不是海洋性的。事实上，地球表面的四分之三是海洋，陆地只占四分之一，所以，我们不应该称它为"地球"，而应该称它为"海球"才对！

这就是施米特"世界史考察"的出发点。在《陆地与海洋》一书中，他提出人类是"大地之子"还是"海洋之子"的疑问。答案当然是两者皆是。如此说来，人类应该具有双重特质才对。因此，人类曾经惧怕过陆地怪兽比希莫特（《圣经·旧约》中的食草猛兽。有些专家认为比希莫特即河马——译者注）和海怪利维坦（《圣经·旧约》中的一种怪兽。有些专家认为利维坦是鲸、鳄鱼或蛇。据非正典的著作《以诺一书》第六十章记载，利维坦是统治海洋的雌性统治者，与统治陆地的雄兽比希莫特相对，两兽将大战——译者注）。

施米特在书中写道：

根据中世纪喀巴拉（泛指犹太教的一切神秘主义派别——译者注）学者的解释，世界史应该是一部描写巨鲸利维坦和与它匹敌的类似公牛或大象的怪兽比希莫特之间的战斗史。比希莫特试图用它的角或牙齿撕裂利维坦的身体，而利维坦则用它的鳍来堵住比希莫特的口鼻，使它不能呼吸，也不能吃东西。

这段描写非常生动，且充满神话色彩，主要暗示海洋之国用断粮之计，切断粮道，以达到封锁陆地之国的目的。

施米特完全同意喀巴拉学者的说法，而且宣称"世界史就是一部海洋之国与陆地之国之间相互战斗的历史"。的确，如果从这个角度来看世界历史的话，比希莫特与利维坦战斗的情形便浮现在我们眼前了。

施米特用这个例子解释了希腊、罗马帝国、维京人以及拜占庭帝国和威尼斯的兴亡史。除此之外,他还用这个观点巧妙地描绘了15、16世纪大航海时代的主角西班牙、葡萄牙,以及后来取代这两国地位的荷兰,还有主张帝国主义的英国等国家的历史。

遗憾的是,施米特的观点被人们忘得一干二净了。大多数历史学家都太注重陆地而忽略了海洋。虽然世界史上也发生过好几次海战,但人们还是以陆地性的观念来看世界历史。

如果我们以地球性的观念来研究历史的话,历史的舞台——更正确的说法是,世界史启幕落幕的舞台,应该是海洋才对。

❖是成为"海民",还是成为"山民"

现在,很多历史学家预测"太平洋时代"即将到来。根据他们的说法,世界历史始于地中海,后来转移到大西洋,现在逐渐转移到太平洋。

施米特将世界史分为三大阶段:

1.东方大河流域(底格里斯河、幼发拉底河、尼罗河)时代

2.从希腊、罗马到欧洲中世纪的内海(地中海时代)

3.美洲新大陆的发现和航行地球一周所带来的大洋时代

人类若想以海洋为舞台,就必须具备造船技术、航海术及

天文、海洋科学的知识。掌握了这些知识或技术的民族，实际上就掌握了制海大权，能成为历史的主角。

施米特认为，除了技术和知识之外，能否掌握制海大权，关键在于人们是否具有将海陆一视同仁，甚至将海洋当作自己的生存空间的心胸。施米特为何会提出这个观点呢？他引用法国历史学家儒勒·米什莱的一段话来加以说明：

> 是谁发现大海以及航线的呢？也就是说，是谁发现地球的呢？答案应该是鲸鱼和捕鲸者。……因为如果没有鲸鱼，渔夫只会在海边捕鱼。鲸鱼把渔夫从海岸边引诱到大海里。为了捕鲸，人们发现了洋流，进而找出一条通往北方的海路。这些都是因为鲸鱼的引导而形成的。

那么，把陆地当作人类的生存领域的先驱者又是谁呢？比起海洋，陆地面积虽小，但它曾经也是一个神秘的未知世界。

施米特又说：

> 16世纪的时候，地球上的两种猎人成为决定历史的关键性人物。两种猎人（其中之一为前面提到的捕鲸者）一起开启了无限的空间，发现了更大的生存世界。在陆地上，俄罗斯的毛皮猎人为了追逐毛皮兽的踪迹而征服西伯利亚，经陆路到达中国东海。

就这样，人类中出现了真正的"海民"和"山民"。决定人们成为海民或山民的因素，施米特称之为"要素"。人类是选择海洋，还是选择陆地；是从海洋看陆地，抑或是从陆地远眺海洋——总之，人类就是靠这些"要素"来选择自己的生存空间的，也因此决定某个民族或国民成为海民还是山民。

这些全靠人类的抉择，也可以说是命运的抉择。施米特说："人类的存在在历史上只不过是短短一瞬，人类的行为及能力决定了人类在历史上生存的整体形式。而且，人类也有权力选择托身之处的要素。"

❖交易与外交之民

我们不能因为一个国家是一个四面环海的岛国，或是拥有很长的海岸线，就认为它的人民一定会成为海民。就拿腓尼基人与希伯来人来说吧，他们都住在迦南而且同属闪族（也称闪米特人），却有着截然不同的民族性。

腓尼基人在早期就已经深入海洋，把海洋看成是自家庭院，从而成为海民；然而，希伯来人对海洋却有着深深的恐惧感。这种对海洋的恐惧，也可以说是希伯来人的特性吧。

瑞士一位研究《旧约》的学者路德维希·凯勒说，这种对水的恐惧，是因为巴比伦神话中提到世界是从原始之水中诞生的（《希伯来型的人类》）。也就是说，希伯来人一直处在可能会被水吞没的恐惧里。

东方各国的洪水传说也证明了这个说法，《旧约·创世记》中挪亚方舟的洪水故事便是一个例子。

当挪亚六百岁，二月十七日那一天，大渊的泉源都裂开了，天上的窗户也敞开了，四十昼夜降大雨在地上。……洪水泛滥在地上四十天，水往上长，把方舟从地上漂起。水势浩大，在地上大大地往上长，方舟在水面上漂来漂去。水势在地上极其浩大，天下的高山都被淹没了……

挪亚依照神的指示造的方舟，有三百肘长（约135米），五十肘宽（约22.5米），三十肘高（约13.5米），分为三层，所以应该不是小小的竹筏，而是一个巨大的方舟。这个故事形象地描述了希伯来人对水的恐惧。

挪亚方舟中的洪水，是河水泛滥，不是海啸，但是河水泛滥的记忆会导致对海洋的恐惧。凯勒从《耶利米亚书》中引述了一个例子来说明这一点，该书中有这样一则神的宣告：

耶和华说：……用沙为海的界限，水不得越过。……波浪虽然翻腾，却不能逾越；虽然砰訇，却不能过去。

这则宣告说明，在希伯来人看来，海洋和陆地泾渭分明，而两者间的分界线——也就是阻挡海水的沙滩，在希伯来人的世界观中扮演着重要的角色。凯勒认为这是一种对混沌状态所产生的恐惧感，而这种恐惧感成为一种预感或记忆或知识，一直存在于希伯来人的内心深处。所以，希伯来人只能当陆民。

腓尼基人与希伯来人正好相反，他们是天生的海民。前文中施米特说过，16世纪的捕鲸者和毛皮猎人开拓了无限的空间，但更早以前，也就是两千多年前，腓尼基人、迦太基人便已经把船航向未知的海洋世界了。关于这一点，希罗多德在《历史》一书中曾经提到，传说埃及第二十六王朝的法老尼科二世，要求腓尼基人绕非洲大陆环航：

> 腓尼基人从红海出发，驶向南方的海洋。当秋天来到的时候，他们不管航行到利比亚（非洲的）什么地方，都要上岸，播下谷物的种子，等到收割之后才又继续航行。
>
> 他们用这种方式过了两年，第三年，他们绕过赫拉克勒斯石柱，回到埃及。他们在航海报告中提到一件事，不知道别人怎么想，但我是不相信的，那就是——绕利比亚环航的途中，太阳一直在右手边。（《历史》卷四）

太阳在右手边，指的是太阳一直在北方。希罗多德虽然认为这一点难以置信，但是，如果从印度洋南下，经过好望角沿大西洋北上的话，太阳当然在北方。因此，如果他们亲眼看到了太阳的位置的话，那么，腓尼基人确实绕非洲大陆航行了一圈。

希罗多德又说，继腓尼基人之后，再次探险非洲大陆的便是迦太基人。这里的迦太基人指的是汉诺。他留下的航海日记的开头这样写道：

> 这是迦太基王汉诺绕着赫拉克勒斯石柱彼端的利比亚地区环航的报告，而且汉诺将报告供奉在克洛诺斯神殿。其记录如下……

很遗憾，这份记录过于简略，只能让人了解大概的情况，但里面仍然记录了很珍贵，或者应该说是令人惊讶的信息。譬如，汉诺率领六十艘五百筏的船只，载着三万男女以及必备粮食出航。船队从地中海向西前进，穿过直布罗陀海峡进入大西洋。航行两天之后到达第一个基地，汉诺在那里建立了第一个殖民城市，并把它命名为提米阿特伦。这个城市可能位于摩洛哥西岸，现在的拉巴特附近吧！

航海日记接下来记录了汉诺南下途中经过的几个地名以及附近的风景等。航海日记中所记的地名，由于众说纷纭，历史学家不能确定它们到底在现在的什么地方，我也不想深入考证。反正不管怎样，汉诺的确到过一个叫喀尔内的小岛，并在那里设立了基地。或者我应该说是汉诺一行人把这个小岛命名为喀尔内才对。迦太基人在非洲建立的殖民地中，喀尔内岛是最南的一个。

汉诺以喀尔内岛为根据地，进一步南下，沿着西非大西洋沿岸探险，并且到达塞内加尔河的河口。塞内加尔这个名字是后来才取的，当时汉诺叫它克里特斯河。因为记录中提到河里有河马及鳄鱼，所以人们推测可能就是现在的塞内加尔河。

那么，汉诺的基地喀尔内岛到底在哪里呢？关于这一问题，虽然众说纷纭，无法确定，但有一个说法得到了很多历史学家的认可，即喀尔内岛有可能就是今天西撒哈拉的里奥德奥罗湾内的岛屿。另外，也有人说喀尔内岛是现在的塞内加尔首都达喀尔对岸的岛屿，也就是以贩卖奴隶而臭名昭彰的格雷岛。

❖严守秘密的铁则

汉诺的航海日记过于简略，其中所载的地名均无从考证。航海日记中有一段令人好奇的叙述："我在晚上经常看到火焰高高低低地跳动。"汉诺还提到在航行中曾经目睹一个大火柱"几乎要碰到星星了"。也许他看到的是火山爆发，因为他说那座山叫作"神之战车"。

汉诺虽然在夜晚频繁地看到如地狱之火的大火持续燃烧的景象，却仍然继续航行。后来，他们进入一个叫作"南角"的海湾，看到湾内有个岛屿，岛上有许多全身毛茸茸的蛮人，大多为女人。他们抓了三个蛮人，但是被她们又咬又抓的，所以把她们杀了，并且剥下她们的皮带回了迦太基。他们的随行翻译将这些人命名为"大猩猩"。

汉诺到达南角之后，由于粮食耗尽，不得不返航。因此，他的航海日记记到南角为止。

那座喷火的名为"神之战车"的山，是不是喀麦隆火山？全身毛茸茸的人是现在我们所知道的大猩猩，还是未开化的人类？这些都无从考证。让我感到惊讶的是，距今两千五百年，或更早以前——人们推测汉诺航海大约发生在公元前500年左右——迦太基人就已经率领如此庞大的船队到西非海岸去探险。不仅如此，他们还在那里建立了经济(交易)的基地。

这份日记的可信度有多少是个问题，但它也不是胡乱编造的。因为日记里所描写的各种情况，如果日记的作者没有实际航行至西非海岸，是写不出来的。这位叫作汉诺的迦太基王(也许只是一位高级官员)，的确曾经航行到现在的塞内加尔附近。仅从这一点来看，毫无疑问，迦太基人是真正的海民。

我在前面已经说过，希伯来人是陆民，而腓尼基人是个性跟他们恰恰相反的民族。《圣经·列王记》中的记载能更加充分地证明我的说法。

以色列王所罗门的财富与智慧，世界上没有人可以匹敌，他和推罗王希兰非常友好。如前所述，推罗是腓尼基人建立的一个城邦，所罗门王为了建造豪华的神殿和宫殿，托希兰派人砍伐黎巴嫩杉木，一来木材是建筑不可缺少的材料，二来是因为他需要腓尼基人的建造技术。

海民腓尼基人的造船技术，无人能超越。因此，所罗门王在造船和航海经商上都依赖他们。在这里我顺便提一下，据说最早的共济会就是由希兰手下的建筑师和石匠所创立的。

现在我们来看《圣经》上的记载：

所罗门王在以东地、红海边、靠近以禄的以旬迦别制造船只。希兰差遣他的仆人，就是熟悉泛海的船家，与所罗门的仆人一同坐船航海。他们到了俄斐，从那里得了四百二十"他连得"(货币单位)金子，运到所罗门王那里。

……希兰的船只从俄斐运了金子来，又从俄斐运了许多檀香木和宝石来。王用檀香木为耶和华殿和王宫做栏杆，又为歌唱的人做琴瑟。以后再也没有这样的檀香木进国来，也没有人看见过，直到如今。（《列王记》上，第九、十章）

希兰船队的这次航行花了三年的时间。假设他们在俄斐待了一年，那么他们来回航行就花了两年。腓尼基人能忍受如此长时间的航行，是因为对他们来说，海洋就像他们陆地上的家一样。

这让我想起一件事。在位于埃及帝王谷附近，埋葬着第十八王朝女王哈特谢普苏特的葬祭殿里，有一幅精美绝伦的浮雕，上面生动地描绘了腓尼基人船队的事迹。哈特谢普苏特是公元前1500年左右时的法老。葬祭殿背后是荒凉的巨大岩壁。直到三千五百年后的今天，该葬祭殿仍然显得富丽堂皇。葬祭殿南面的柱廊墙壁上刻有这样一段象形文字：

看，那些船只载满了蓬特国的货物：香木、黑檀、象牙、香料、猿及狒狒、豹、毛皮、仆人以及小孩。从来没有一个埃及法老能在尼罗河岸边聚集这么多的东西……

载着这些"珍品"的船便是腓尼基人的船只，一共有五艘。柱廊墙壁上的文字清楚地描述了当时船只出航、船只在海上航行、船只进入蓬特国港口的情形以及搬运工人的样子，等等。

腓尼基人不仅为埃及法老提供船只，他们还给法老带来了蓬特国的情报,并且担任双方贸易的中介人,或者直接承担交易重任。和我在前面提到过的俄斐国一样,蓬特国究竟在哪里,关于这一问题也是众说纷纭,无从考证,这可能和腓尼基人的保密习惯有关。

身为海民的腓尼基人,很早以前便能自由地航行于海上,因而掌握了各地的情报。他们不会将通往各国的航线公开,因为他们担心别人抢走他们垄断的利益。所以,不管是埃及法老,还是以色列国王,如果没有腓尼基人的帮忙,是无法进行交易活动的。

换句话说,当时腓尼基人和迦太基人是贸易专家,他们在各地进行交易,扮演着专业中介人的角色。正因为如此,他们在情报搜集、运输手段、买卖技巧、生意点子及冒险心方面,在很长的一段时间里无人能出其右。

腓尼基人就是通过这样的交易活动,扮演着古代文化交流桥梁的角色。除了经济之外,他们在政治上和外交上一定也扮演过重要的角色,因为想和别的国家进行贸易活动,就必须具备外交背景。

如果腓尼基人当时留下记录和报告,古代世界的面貌将会更加清晰,那对我们来说将是一出多么引人入胜的戏剧呀!然而,他们却守口如瓶。不,应该说,正因为腓尼基人互相信任,严守秘密,他们才会成为卓越的商人。

这么看来,经济与政治、贸易与外交的关系,自古至今,可以说是一点儿也没有改变。

❖ "怪鱼"与"怪兽"的对决

海民腓尼基人与陆民希伯来人的个性完全不同，但提到做生意的才能，两者都不差。他们——以及希腊人——做生意的技巧比其他民族的更高超，且对待买家也更热忱。但是，在所有的商业民族中，腓尼基人比较特殊，是一个谜一般的民族。

人们对他们的评价有各种极端的说法。即使是同一个人，对他们的印象也很矛盾。我们只能说，腓尼基人是一个高深莫测的民族。

在古埃及的绘画作品中，创作者充分发挥想象力，将当时世界各民族的各种姿态形象地描绘出来。前面提过的法国历史学家米什莱看了"表现真实、令人感动的绘画作品"之后，写下了他对腓尼基人的印象：

> 他们像水手一样行动敏捷，经常露出手和胳膊，穿着不影响行动的短裙。他们具有远眺大海的好眼力。他们长得好看，个性老实，只是有一点颇为吓人——他们竟然没有脖子，这让他们看上去好像是未成年的小孩，由于早熟纵欲，所以长到十岁左右就不发育了似的。他们的脸上显露出进行恐怖交易及掠夺人肉时的冷漠与残酷。（罗兰·巴特，《米什莱》）

这段描述可能有一点儿文学性的夸张，但或许这些就是腓尼基人在其活跃的时代，人们对他们的共同印象。

古希腊诗人荷马更是用骗子、欺诈高手、狡猾等字眼严厉地批评腓尼基人。在其作品《奥德赛》中，他写道："以造船出名的腓尼基人运了很多小物品到'那里'去。这些贪得无厌的恶棍。"

当时有一个出生于西顿、被海盗抓去卖为奴隶的女人正在洗衣服，一群腓尼基人经过那里时盯上了她，把她诱骗到船上，然后强奸了她，一年之后把她带走了。在那一年里，腓尼基人到底做了些什么呢？他们"积极地做生意，把原来的空船(已经卸完货物的货船)装满货物"。等船上装满货物后，他们便踏上归途，临走时还劫走了女人和小孩。

古时候的商业贸易难免掺杂一些欺诈和强盗行为，腓尼基人凭借这些行为和高超的做生意技巧积累了惊人的财富。虽然如此，腓尼基人却没有建立像埃及或波斯那样的大国，他们甘愿建立小国。因为对海民腓尼基人来说，他们的"国土"就是浩瀚无际的海洋，海洋才是他们的领土。黎巴嫩裔的历史学家菲利浦·希提这样写道：

> 腓尼基人从很早以前（公元前十几世纪）就开始在海上航行，买卖金枪鱼、玻璃、陶器等地方特产。在他们创立了诸多独立的城市国家的时代，他们纵横大海，描画东西方贸易的大海图景，并且在地中海四处建立殖民地。他们将这片海域（地中海）视为腓尼基人的湖泊。至于希腊人或罗马人将地中海据为己有，那是后来的事。《黎巴嫩史》

腓尼基人以及在非洲大陆北岸建立据点的迦太基人，可以说就是怪鱼利维坦。他们命中注定要和后来崛起的陆地怪兽比希莫特——也就是罗马——进行命运对决。这也许是神的旨意吧！

第三章

商人的登场

商人の登場

什么样的人能为人类历史画卷绘上华丽的色彩呢？我们会想到国王、英雄、武将，或者心狠手辣的政治家，或者圣人、哲学家……

事实上，有一群人默默地承担着推动文明的重任。他们几乎都是无名小卒。他们不想出名，他们的梦想就是获得更多的财富。为了实现这一梦想，他们有时候不顾生命的安危，有时候必须接受毁灭的代价，有时候还得强忍别人的侮辱，等等。别人想象不到的难关，他们却能一一渡过。

有时候他们多年的努力在一夜之间化为乌有，但是，命运这东西实在令人难以捉摸，因为有时候它也会给人带来意想不到的收获。就像现在有些人不停地举办各种活动，为了举办活动，他们有时候可能会得罪人，但有时他们也会因为举办了好的活动而得到一些回报。

对他们来说，不管结局如何，他们是绝对不会停止工作的。他们这种不达目的决不罢休的顽强精神，不知不觉地推动了文明的发展。

❖ 负责交换欲望的"媒人"

上文中提到的"他们"，指的就是商人。

商业始于何时？什么样的行为才能叫作商业行为？对于这个问题，众说纷纭。如果把最简单的交换活动也视为商业行为的话，那么商业行为自从有人类就开始了。

不同的人拥有不同的欲望，这一事实促成了物品的交换。有些人想要这个东西，有些人想要那个东西，如果自己想得到的东西在别人手上，这时就会出现交换物品的行为。

马克斯·韦伯认为商业的出发点在于不同的习俗集团。他说，最早的财货流通应该是不同种族间的交易。因为种族不同，所需要的物品也就不一样。如果所需要的物品是生活必需品，那么交易就显得更迫切了。

于是，专门负责交易活动的人群，即商人便产生了。当然，商人要完成这个任务，必须具备一些条件，比如能独立行动、能保证货物流通等，保证货物流通包括确保交通路线通畅、有足够的畜力可供搬运货物以及有大量的船舶可供运输等。

商业能否发展起来，与这些条件息息相关。最早具备这些条件的地方是东方的美索不达米亚（即两河流域）。

农耕这一生产方式虽然在开始时发展比较缓慢，但后来逐渐出现粮食生产过剩的情形。此外，农耕这一生产方式也把人们局限在一定的土地范围内，于是，与其他地方的交流（交换）活动就变得非常必要。为了满足人类的不同欲望，需要有个居中拉线的"媒人"。这个"媒人"从拥有不同物品的双方获取手续费，在交易的过程中，他们当然以利益为目的，于是他们逐渐打开了活跃的大门。

商人们在美索不达米亚发现了最适合他们的舞台。我们可以发现，早在公元前4000年，早期的商业活动已经出现在美索不达米亚的苏美尔地区了。在苏美尔人留下的一些黏土板上，人们用楔形文字记录了许多经商活动。

❖ 首先有市场

都市是人群的据点，也是为了配合商业活动而形成的。人类做生意，不管是以物易物，还是以财易物，必须有多余的金钱或物品才行。为了生产交易所需要的商品，必须要有工厂才行。存放商品的仓库也是不可缺少的。为了和其他人做生意，商人们还需要一个固定的场所（市场）。就这样，都市因商业而产生，商业也因都市而更加蓬勃发展。都市的形成，必须具备很多条件，商业应该是促成它形成的主要因素。都市的形成也可以说是从市场开始的。如果没有市场，皇宫或神殿也就无法生存了。

在古代，中东各地逐渐出现了很多以商业为基础的都市，而在这些地区，专门负责交易活动的人便是闪族。闪族包括亚述人、巴比伦人、希伯来人、阿拉伯人等民族。被称为迦南人的腓尼基人也是闪族的一支。

这些民族有共通的个性、共通的语言，所以合称闪族。这些不同的民族有各自不同的特质，不过他们的共同特点是擅长经商。亚述人、巴比伦人和希伯来人直到今天都还在发挥这项才能呢！阿拉伯人更是具有经商天赋。

"发明"商业的，正是这些民族。他们的商业传统延续了四千多年，直到今天仍然保留在这些民族的后裔中。

❖ 讨价还价的秘诀

二十年前，我第一次踏入闪族人的世界。当时我是去探访巴别塔的所在地巴比伦古城遗址。巴比伦古城遗址位于伊拉克首都巴格达以南约八十公里的地方。我先飞到《一千零一夜》故事的发生地巴格达。那是我第一次拜访阿拉伯国家的城市，第一次踏入伊斯兰教文化圈，也是第一次看到东方历史的舞台，因此，所有的东西都是那么珍奇，一切事物都令人兴奋不已。

我来到底格里斯河河边，河水缓缓流过，河上有一座"殉教者之桥"。听说在很早以前，《一千零一夜》里的国王哈伦·拉希德曾经乔装成平民走过这里。桥的这一端，马路上尘土飞扬；桥的那一头，清真寺熠熠生辉，令人误以为是刚升起来的圆月。那里有一个卡鲁夫平民区，好像随时都可能冒出来阿里巴巴似的。一些长老们聚在茶店里聊一些漫无边际的话题，以消磨时间……

那次探访巴别塔，我住在底格里斯河河边的一家简陋旅馆里。令我惊讶不已的是，旅馆老板竟然自称是亚述人。

"喔？你说你是亚述人？"我忍不住反问他。

旅馆老板穿着一件脏兮兮的及膝围裙，下巴上长满了胡须。他用认真的语气说："没错，我是亚述人的后裔，所以我才给这家旅馆取名为萨尔贡旅馆。"

萨尔贡指的是亚述王萨尔贡二世。经他这么一说，我开始仔细端详他的脸，他的长相看上去和亚述王宫的浮雕上所刻的亚述人真的很像。

萨尔贡二世统治巴格达，是两千七百多年前的事了。想到这些，我突然觉得自己好像穿越了时光隧道，回到了从前一般。

我来到巴格达城中的大市场。那里摆满了令人眼花缭乱的商品，有精致的金银制品、皮质封面的《古兰经》、阿拉丁神灯造型的大吊灯、商队用的山羊皮水囊、柄上镶了马赛克的马鞭、长老们骑着骆驼的陶瓷雕像，等等。这些商品中还夹杂着色彩鲜艳的凉鞋、晶体管收音机、手提包、杂货、枣椰、衣服、乐器……卖这些东西的商店一个接一个地挤在檐篷下面。

从这些商店里不时传来商店老板的叫卖声；骡子驮着沉重的商品，穿过嘈杂的人群；小孩们不停地追逐嬉戏，老人们在喧闹中有条不紊地处理事情，女人们则不时地发出刺耳的喊叫声……而我，只是茫然地呆立在那里。我想，这不就是四千年来东方人经营商业的形态吗？

令我惊讶的是，每家商店里的商品都没有标价。如果顾客想买东西，需要向老板询问价格。刚开始老板会把商品的价格说得很高，我想这一定是因为他看出我是国外来的游客，而且看起来像是有钱的游客。我便故意说："这太贵了吧！"

这时候，老板会叫我等一等，然后开始解释这个价格的合理性。不习惯这种买卖方式的日本人大概都会禁不起这些说辞，心里虽然觉得太贵，可还是按照那个价格买下了物品。

其实这种购物方式实在太笨了。买东西不砍价是不行的，即使对方开出的价格你能接受，还是得砍砍价。不砍价不仅会让自己蒙受损失，对卖方来说也是一种失礼的行为。因为做生意时买方与卖方都必须认真交易。卖方当然想尽量卖出一个高价，而买方也必须想办法将价格砍得便宜一点，不讨价还价的人会被人认为是愚蠢无知，或是被认为有辱商业尊严。

商店老板之所以会给出不合理的高价格，只是想试探一下买方的购买意愿罢了。我们越是厚着脸皮砍价，越表示有意愿购买。卖方确定买方要买之后，才开始真正的交易。

讨价还价一般有个固定的模式。商店老板说了价格之后，会稍微让步，把价格降低一点。当然，顾客不能就此妥协，价格降那么一点点是不够的，还得继续争取。然后老板会再将价格降一点，这时顾客要坚决表示不接受那个价格。然后老板又把价格降低一点，顾客仍然摇头不答应，有时候还得假装要走了。即使这样，价格谈判也没有结束。

这时老板一定会追出来挽留顾客："哎呀！您别走呀，喝点茶吧！"然后把顾客拉回店里，奉上专门招待客人的茶水。顾客也不必客气，慢慢品尝茶水无妨。喝完茶，买卖双方重新开始谈价格。

最后，老板见时机已成熟，便会突然问顾客："那么，究竟多少钱您才接受呢？"

谈到这里，便是交易的高潮环节了，不过如果顾客没有想到老板会问这种问题，就会感到有些狼狈，仓促之间一般只会说出在原价基础上打个八折的价格。

老板听了感到很意外，但还是会假装思索一会儿，然后很不甘心地说："还是你厉害。好吧！卖给你了！不过，你可别跟别人说你是用这个价格买下的！这个价格是我特例优惠给你的，你记得要保密！"

虽然他这么说，但他的脸上掩饰不住得意的表情。为什么呢？因为他得到了预料之外的收益——他预料顾客会出半价，而不是八折。当然，那些商品即使以半价出售，也还是有赚头。

到这里，买卖双方的讨价还价才结束。对阿拉伯人来说，买卖就是一种斗智。最好的结果是卖方与买方都满意，商品因此得以流通。卖方能获得高利，而买方也很得意自己竟然能以八折的价格买到心仪的物品。

其实，我们不仅能在巴格达看到这种买卖方式，还可以在阿拉伯国家的任何一个城市，非洲的内陆地区以及印度，还有世界的其他地方，都可以看到这种买卖方式。亚述人、巴比伦人、犹太人、阿拉伯人，都是靠着这个销售秘诀，才使得他们的商业繁荣发展的。

在这些商人中，不论是经商头脑、经商热情，还是行动力，腓尼基人和迦太基人都表现得更为突出。

❖贸易都市国家的诞生

迦太基的繁荣历史只有短短数百年。迦太基人出类拔萃的商业才能招来了忌恨，最终使迦太基被强大的罗马帝国所灭。

不过，迦太基人在被消灭之前，其历史已经绵延了数千年。所以，想读懂迦太基人，就必须回顾这段历史。

大约公元前5000年，一个名叫迦南的族群出现在今天的巴勒斯坦一带，他们属于闪族的一支。迦南族群当时的生活情况，我们不得而知。直到大约公元前1200年，迦南族群以腓尼基人之名渐渐崭露头角。

当时东方世界发生了大动乱。一支操印欧语系语言的民族从希腊、巴尔干半岛大举南下，大大地改写了当时的势力范围版图。埃及这个大国虽然逃过了这一劫，但势力衰退了许多，而埃及的竞争对手赫梯帝国却灭亡了。这些大国的衰亡，使得东方及地中海地区出现权力真空。位于今叙利亚、巴勒斯坦沿岸的西顿、推罗等地，当时属于腓尼基人的贸易范围，它们像是填补缝隙般借机扩大商业活动。前面提到的推罗王希兰出力协助以色列王所罗门的故事，便是发生在这一时期。随着大国力量的式微，一些小国（贸易都市国家）便开始迅猛地扩展它们的势力。

虽然如此，东方及地中海地区并非一直处于风平浪静的状态。强大的亚述帝国控制了地中海北岸的一些腓尼基都市，而且觊觎着进出地中海的门户。

在这里，我们需要再回忆一下腓尼基的贸易都市推罗的公主艾丽莎被其兄皮格马利翁追杀，逃到北非，在那里建立新都市迦太基的故事。艾丽莎建立迦太基王国，传说是在公元前814年，当时正是以推罗为首的腓尼基都市圈，如西顿、比布鲁斯、贝利特斯(即今贝鲁特)等都市受亚述帝国威胁的时代。

说到亚述帝国，其给人的传统印象是一个凶恶残暴的军事国家。人们通常认为亚述帝国的君王热衷于冷酷的征伐战争，而且总是残酷地对待被征服的人民。但是，这些说法可能有些夸张。

亚述帝国的君王征伐其他国家时的确冷酷残暴，但是，人们之所以会有这样的认知和印象，主要来自一些亚述碑文的记述。国王们令人刻碑文时，为了炫耀自己的功绩，难免会夸大其词，所以亚述碑文上的记录我们不可全信。

《圣经·以赛亚书》中的一些描述更是加深了人们对亚述人残暴的印象。《以赛亚书》将亚述人称作"远方来的敌人"，下面这段文字就是该书中描写亚述人从地平线彼端袭击而来的情形：

> 看哪，他们必急速奔来。其中没有疲倦的，绊跌的；没有打盹的，睡觉的。腰带并不放松，鞋带也不折断。他们的箭快利，弓也上了弦。马蹄算如坚石，车轮好像旋风。他们要吼叫像母狮子，咆哮像少壮狮子。他们要咆哮抓食，坦然叼去，无人救回。

虽然如此，亚述人并不全是残暴的士兵，历代国王也并不全是冷酷无情的好战君王。被征服的人民只要不违背亚述王的旨意，能服从亚述王的命令，就不会遭到残酷的处置。亚述人要的不是人的性命，而是财物和贡品。

❖ 跋山涉水只为生意

事实上，亚述帝国在初期热心于商业交易，可称得上是个商业国家。当时商业交易频繁，商人们不辞辛苦，跋涉千里到各个地方去做生意。亚述帝国的首都亚述城是一个典型的商业都市。

研究古代东方历史的德国学者H.克连格鲁根据在土耳其的灰山出土的无数黏土板上的记录，生动地描述了当时商人活跃的情形。

根据他的描述，公元前19世纪至公元前18世纪，商人们已经开始在亚述城进行"投资"了。亚述的商人广泛地与各地进行交易，其中最繁荣的交易地点据说是距亚述城一千公里远的坎内什（灰山所在地）。他这样写道：

从亚述城到坎内什的道路异常难行，有的路段穿过干旱的草原地带，有的路段要越过高山，如果是冬季，山上有积雪，更难前行。因此，一些当时的信件中有这样的文字："我们为寒冷所困，商队为饥饿所苦。"从托罗斯山脉（今土耳其南部山脉）而来的商队一定经历过小亚细亚严酷的气候考验吧！另外，商人们还要冒着被匪徒袭击的危险，整个旅程可以说是充满了惊险和挑战。……

当时，驴子是主要的运输工具。商队离开家乡来到遥远的交易地点，可能需要很长一段时间，但亚述商人并不觉得辛苦。他们不顾一切危险，长途跋涉至目的地，因为他们深信把货物

运到这里可以赚大钱。毫无疑问，巨额的利润是吸引他们前来的最主要原因。(《古代东方商人的世界》)

从亚述城到灰山的那条道路我曾经走过，当然，是坐车去的。即便如此，那也是一趟辛苦的旅程，走了几天几夜。坐车尚且如此辛苦，真是难以想象当时的商人和驮着山一般高行李的驴子，是如何走过这一千公里的荒凉道路的。亚述商人为了巨额的利润而不断地来往于两地。黏土板上的记载已证明了这一切。

亚述商人会将哪些商品运到灰山去呢？主要的商品有锡和纺织品。当时，亚述的纺织业发达，从各地接到不少订单。至于锡，亚述商人从别的地方将它们买进来再转售出去，他们的角色只是中间商而已。

关于这一点，H.克连格鲁说："很明显，对美索不达米亚南部的商人来说，亚述城是最理想的商品集散地，连巴比伦产的羊毛或纺织品都先集中到这个城市，然后再运往安纳托利亚。"

此外，他还引用了一位住在坎内什接收货物的亚述商人的书信：

请再多织一些你上次寄来的高级布料，并且寄给我。……那些布料一面必须用梳的方式织，别用镶入的方式织，而且必须织得密一点。每一匹布必须比你上次寄来的布料多用一个马努（货币单位）的羊毛，但必须织得薄薄的。那些布料的另一面只要梳刷一下就可以了，如果羊毛太多的话，请按照织库塔努布料

的方法,用剪刀把多余的羊毛剪掉。至于你寄来的阿帕尔内布料,以后别再寄那种替代品来了。……《古代东方商人的世界》

这是不是非常像现代驻某地的商人所写的信?作为闪族的一支,亚述人热衷于经商。《圣经》中也记载了亚述尼尼微的商人"比天上的星星还多"。

然而,亚述人最后并没有致力于进一步发展商业活动。他们为了获取财富,并没有耐心地在商业贸易上花费时间,而是采取了直截了当的做法,也就是通过军事征服其他富有国家。大国埃及势力衰微后,对黎凡特地区的统治鞭长莫及,亚述帝国便乘虚而入。亚述人能从这里获得大量他们最想要的东西,尤其是盖皇宫和神殿的木材。

亚述王提格拉特帕拉沙尔三世仗着自己的军事力量,在各个腓尼基都市里席卷各种财物。各个腓尼基都市之所以能幸存下来,是因为它们拥有大量可供朝贡的财物。它们为了不得罪亚述王,于是不断地向亚述王进贡财物,以求生存。所以,保障它们安全的,不是武器,而是金钱。

❖ 成也财富,败也财富

就这样,腓尼基人逐渐专注于做生意。他们期望的贸易范围不是充满危险的内陆,而是地中海地区。从那个时候开始,腓尼基人的贸易据点一个接一个地出现在地中海沿岸各地。这些据点不仅被当作交易的基地，而且被视为"避风港"。如果有灾难发生，腓尼基人一定会把这些地方当成避难和转移财产的好处所。因为亚述人对腓尼基人索取无度，腓尼基人无法预料到下一步会怎样。

在各个腓尼基都市中，最安全的都市是离亚述城最远的推罗。即便如此，推罗王还是将王宫移到离海岸一公里的岩石小岛上，那里设有存放货物和财宝的仓库，所以小岛逐渐成了经济活动的中心。推罗王还在这个经济要塞的四周布满船只，加强戒备。

不幸的是，这个小岛还是无法幸免于难。H.克连格鲁这样写道：

> 在某种程度上，可以说是腓尼基都市的财富激起了征服者的野心。……自从亚述王那西尔帕二世征服推罗、西顿、比布鲁斯和阿拉德等地之后，亚述历代君王便不断地出征叙利亚沿海各地。腓尼基的各个都市向亚述君王进贡物品以求生存，亚述君王则把这些都市的商业利润占为己有。由于亚述君王并没有做出破坏进贡物品的城市的蠢事，所以，腓尼基的海上贸易基础并没有因为被"吸血"而受损。（《古代东方商人的世界》）

公元前814年，推罗的公主艾丽莎从推罗逃到北非，建立了一个"新城"，这个故事的背景应该和前面提过的各个腓尼基都市受到亚述帝国的威胁有关。当时推罗的统治者可能会这样想，与其在危险的地方战战兢兢，寝食难安，不如到一个不受敌人侵扰的安全地方从事贸易,再建经济强国。

如果真的是这样的话,那么,我们也可以说创造经济大国迦太基的,是北方的军事强国亚述帝国。

事实上,直到公元前814年,黎凡特地区的港口城市都还在亚述帝国的占领下。在艾丽莎登陆迦太基约一百年后,亚述王辛那赫里布一改亚述以往温和的共享利润的政策,开始征讨推罗。推罗王鲁利坚守要塞岛屿达五年之久。亚述王胁迫其他的腓尼基城市为其提供六十艘船,并用这些船封锁推罗,对推罗不断猛攻。推罗最终不敌投降,随后被亚述王设立的总督统治。

推罗并没有因此而灭亡。它虽然受亚述总督的严密统治,但仍然可以进行交易活动。继辛那赫里布之后,亚述帝国由阿萨尔哈东统治。这位亚述王对各个腓尼基都市也是采取严厉苛刻的统治方式,绝不允许这些城市有任何不轨的举动。

腓尼基人在这种高压统治下已经学会了如何明哲保身。他们有时企图反抗，有时则伪装顺从，有时则更积极地拍亚述王的马屁，而实施拍马屁的唯一工具就是财物。

然而，用财物来拍马屁，到头来只会让事情陷入恶性循环。因为财富就像花蜜，只会招来更多的采蜜者。亚述帝国后来被巴比伦王国所取代，推罗的命运却丝毫没有改变。推罗在巴比伦王尼布甲尼撒二世发动攻击之前再次屈服，但这是后来的事了。

移居到北非，也就是今天的突尼斯的腓尼基人慢慢地建立了迦太基，稳固了他们的经济基础。迦太基深得地利之便，因此得以避免母邦推罗的厄运，迦太基人的经商才能也因此得以充分发挥。

不过，即使再安全，财富还是会招来危险。腓尼基人和迦太基人之所以会有那么悲惨的命运，正是它们的财富造成的，因为以武力建国者，必灭于武力；以财富兴盛者，必亡于财富。

这么说来，迦太基人到底应该怎么做才好呢？

第四章

競争対手

ライバル

❖ 灰头土脸的驴子

不管在什么时代，从商都不是一件轻松的事。哪一行赚钱，大家就会一窝蜂地挤进那一行。天下没有不劳而获的事，各个生产部门，即使是流通部门，所得到的利润也必须和其他部门平均分配，当然前提是自由竞争。

在垄断竞争的市场环境下，强权介入经济，对经济实施垄断，那么谁能与有权势的人建立关系，谁就能轻而易举地获得利润。不过这种方法很难用在自由竞争环境下的商业贸易上，毕竟在那种环境里，做生意是一场实力战，也可以说是"经济战争"。如何超越自己的竞争对手（竞争国），是决定自己国家命运的关键。

我在前一章中曾经提到，迦南人、希伯来人、阿拉伯人等闪族都擅长经商。在他们之中，腓尼基人和迦太基人做生意的才能尤其突出。为了赚钱，腓尼基人和迦太基人会不惧危险远赴他国。如果用一个形象的说法来形容他们的话，我们可以说他们是典型的"工蜂"——只知道赚钱，没有娱乐。

也许有人会奇怪我是怎么知道迦太基人的个性的，其实我对迦太基人的印象来自与他们同一时期的希腊人或罗马人的"证言"。也许有人认为这些"证言"是诽谤，但有一个事实可以说明它们并不是毫无依据的胡说，那就是迦太基的城市里没有像希腊剧场或罗马竞技场之类的娱乐设施。

这意味着什么呢？答案很简单，因为迦太基人没有休闲娱乐，所以不需要兴建这一类的娱乐设施。其他民族，尤其是希腊人和罗马人之所以会用异样的眼光看待迦太基人，就是因为迦太基人的生活理念——不分昼夜地埋头苦干，很少享受人生。

如果是因为生活贫困而不得不埋头苦干，那么还可以理解，因为穷人的确没有时间进行娱乐活动。可是，富有而且拥有巨额贸易顺差的迦太基人却很少享受优裕的生活，只是一味地把更多的金钱和时间花在获取更多的财富上。迦太基人为什么要在商业上花费这么多精力呢，这个问题对希腊人和罗马人来说是一个谜题。

我在前面介绍过希腊传记作家普鲁塔克批评迦太基人个性阴险、苛刻冷酷、无幽默感，不懂得享受人生。这些评语也是当时大家对迦太基人的共同看法。除此之外，迦太基人还非常狡猾奸诈。比普鲁塔克早两个世纪的罗马喜剧作家普劳图斯在自己的喜剧作品《商人》中这样讽刺迦太基人：

那个老人 / 精通各国语言 / 明明会讲 / 却装作不会说 / 这就是典型的 / 迦太基人。

迦太基人简直 / 太像魔术师了 / 因为只要他脑中想什么 / 就能实现什么。

说迦太基人是灰头土脸的驴子，应该是人们无法理解迦太基人，基于反感而做出的评语。如果迦太基人侵犯了自己的利益，威胁到自己的话，人们对迦太基人就更反感了。对希腊人和罗马人来说，迦太基人是可怕的敌手，不知道何时会超过他们，而且迦太基人的人生观和价值观和他们的截然相反。

希腊人中当然也有拜金主义者，普鲁塔克经常讥讽那些大富翁的吝啬。他说那些人太执着于金钱，往往过着有违常理的生活，譬如喜欢喝酒的人一定会把钱花在酒上，美食家会到处寻找山珍海味，那些大富翁却是一毛不拔的守财奴。他们只顾辛辛苦苦地挣钱，却从不花钱去享受，就好比有衣服却忍受寒冷不去穿，饥肠辘辘却不吃眼前的面包一样，简直愚蠢至极。

普鲁塔克在自己的作品中写道：

赴汤蹈火、辛辛苦苦赚来的钱，却舍不得花一分，这不就和驴子为了搬运烧洗澡水的柴火而弄得灰头土脸，到头来却不能洗澡一样吗？（《道德论丛》）

当时大家对迦太基人的印象可能就是这样。法国历史学家查尔斯·皮卡德认为，普鲁塔克批评迦太基人是个严肃的民族，不懂得享受人生，这个评价非常正确。他说：

对希腊人来说，迦太基人的城市可以说是个无聊透顶的地方。那里没有剧场，也没有竞技场。如果非要说有什么活动的话，那里只有一些宗教性的活动，根本谈不上娱乐。迦太基人的城市也只有在举办这些宗教活动的时候才显得比较热闹。在他们的商业社会里，艺术对他们来说是毫无用处的，自然不可能因受重视而盛行了。（《汉尼拔时代迦太基的日常生活》）

❖获得财富的目的

迦太基是到最后才与罗马展开对决的，但在地中海贸易中，它最初的竞争对手是希腊。

由于希腊人所定居的希腊半岛是个不毛之地，根本没有空间容纳不断南下的同族人，更别说经济发展了，因此，他们必须从海上寻找出路，向爱琴海的岛屿和小亚细亚地区扩张殖民。所以，从意大利半岛到地中海沿岸各地，都被希腊列入自己的经济圈。因此，希腊会在地中海与基地设在对岸的迦太基形成对峙的局面，也是必然的。

说到商业才能，希腊人与迦太基人相比毫不逊色。我在前面提到过，在古代，所谓的商业才能，有时候是指善于欺骗。在当时，人们常说："和希腊人握过手后，你得数数手指头，看看十个手指头是否都还在。"这足以说明希腊人当时在商场上是何等狡猾。

最能代表希腊人狡猾个性的，是希腊神话中的赫尔墨斯。

赫尔墨斯是奥林匹斯十二主神之一。他身负重任，是商业和财富之神。同时，他也被公认为偷盗和赌博之神。他到处招摇撞骗。赫尔墨斯是宙斯最小的儿子，出生之后就迅速成长。他所做的第一件捣蛋事就是偷走阿波罗的牛。为了不留下牛的脚印，他用树皮包着牛的蹄子，使得阿波罗无从寻找，只好悬赏找牛。

阿波罗好不容易找到肇事者赫尔墨斯，赫尔墨斯却要求和阿波罗进行"交易"。赫尔墨斯拿出用那头牛的肠子和龟甲做成的竖琴，跟阿波罗交换。最后，阿波罗不仅没有拿回自己的牛，连黄金手杖都被赫尔墨斯拿走了。

赫尔墨斯还背着父亲宙斯，拿走绑着代表"宙斯使者"的白缎带的手杖和穿上后可以疾行如风的凉鞋。宙斯看这个最小的儿子"头脑灵活"，便让他做商业和财富之神。

传说赫尔墨斯发明了字母、度量衡器具和数字，把种植橄榄树的技术传给人类。他还被视为天文学、数学、占星学和炼金术的鼻祖。赫尔墨斯的发明是商业上不可缺少的知识或工具：天文学是航海的必备知识，度量衡器具和字母在商业交易中扮演着重要的角色。发明字母的是腓尼基人，而完善它的却是希腊人。

赫尔墨斯的罗马名字是墨丘利。墨丘利是一个集商业、技术、雄辩、盗贼于一身的守护神。雄辩也是闯荡商场的必备能力。

迦太基人、希腊人和罗马人的商业运作手法都差不多，为什么只有迦太基人受人非议呢？我认为很大程度上是因为在生活态度上，迦太基人的价值观与希腊人、罗马人的差异很大。就像普鲁塔克所批评的那样，迦太基人根本不懂得享受人生。也就是说，迦太基人根本没有领悟工作以及获得财富的目的。

就像警察办案，最棘手的是找不到犯人的犯罪动机。要是能知道动机，就能顺着线索找到证据；找不出动机，就无从判断是哪一类的罪犯。

对希腊人和罗马人来说，人生是以享乐为目的的。付出精力，努力从商而得到的财富，就是要用在享受人生上。在他们看来，迦太基人就像搬运柴火烧洗澡水，却弄得灰头土脸的驴子。驴子只是老老实实地搬运柴火罢了，迦太基人却侵犯了希腊人和罗马人的利益。因此，他们会将敌意集中到这个找不到"犯罪动机"的"犯人"——迦太基人身上，也是理所当然的了。

❖ **政治为经济服务**

话说回来，一些希腊人冷静观察迦太基的社会动态之后，对迦太基给予了好评。哲学家亚里士多德就是其中之一。他非常赞赏迦太基的国家制度，甚至称赞迦太基的很多制度几近完美。

希腊人称迦太基人为"迦尔克顿"。"迦太基人"是罗马式的称呼。亚里士多德曾经这样描述他们：

> 迦尔克顿人的国家制度完美，举国上下都受到制度的保护。他们的国家很少发生动乱，更没有人想要推翻政府。
>
> 一个国家在制定制度时，以财富为标准选择领导者的称为寡头制，以道德为标准选择领导者的称为贵族制，而迦尔克顿人所采取的应该是另外一种形式，也就是这两种形式的综合体。在推选国王或将军时，他们更是以这两项为标准。（《政治学》）

亚里士多德继承了老师柏拉图的思想，认为所谓理想的国家，应该是一个能充分发挥人性的社会组织，而所谓人性，是指在道德规范下，力求正确的行为，注重伦理。抱持这种理念的人，才能组成理想国。一个国家的制度与组织能否培养出"善人"，关系着国家的前途。所以，亚里士多德提倡在选择领导者的时候，应该采用以"道德为标准"的"贵族制"。

话虽如此，财富对领导者来说也是必要的。无钱无暇，如何治国？再怎么优秀的人，如果没有钱，就有可能被利益冲昏头脑；没有闲暇，就没有充分的时间思考政治。

可是，如果大家都认为金钱万能，就会造成"财富凌驾于道德，举国上下皆为守财奴"的情形。亚里士多德之所以赏识迦尔克顿人（迦太基人）的政治制度，正是因为迦太基人以财富和道德作为选择君王的双重标准。

具体来说，他们的行政组织综合了君王制、贵族制和民主制。迦太基只在初期实行过君王制，而所谓的"君王"，指的是最高行政长官苏菲特。此长官为二人制，任期一年。由于他们的权力跟国王差不多，所以法律限制两人任期一年，以防止独裁和腐败。

君王之下设元老院，为终身职，由三百人组成，有一定资产的人才有资格担任。元老院的任务是给最高行政长官进言，决定国家的基本国策。除元老院之外，可能存在类似审议委员会的组织，但具体职能不得而知。

元老院是一个监督机构，元老院再选出"百人会"。这些被选出来的一百个人（有时为一百○四人），主要的任务是监督将军。我们从这一点可以看出迦太基人的智慧。将军握有军权，很有可能形成军人独裁，迦太基人便制订出这种文官制度来平衡。事实上，在实行百人会制度之前，由于军人势力过大，迦太基有几次差点发生军人夺权的事件。有鉴于此，迦太基人在公元前5世纪制订了百人会制度，履行监督的职责。

另外，与百人会平行的组织有"公民大会"。公民大会由一般市民组成，不问财产或家世背景，中产阶级占大多数。公民大会的主要职责是在最高行政长官和元老院发生冲突时负责调解工作。

从这些政治、行政组织来看，迦太基的行政体系可以说非常优秀。也有人认为这种制度过于折中主义。事实上，迦太基人的个性本来就是折中型，而折中主义主要是由他们的经济至上主义决定的。

对一个商业国家来说，安定是最重要的。不当的权力干政或独裁都不受欢迎。迦太基的政治目标是提供一个能让民众安心从事商业买卖的环境，所有的行政机构都为达成这个目标而运作。

迦太基人对政治持保守态度，比较容易安于现状。极端地说，只要不影响他们做生意，政治上是怎样的都没有关系。迦太基虽然拥有强大的军事力量——尤其是海军，却没有因此而强化军人的地位，主要是因为一般人民都抱持商业主义，反对军人干政。

❖两种生活方式

迦太基人的生活如上所述，那么他们的竞争对手希腊人是怎样生活的呢？在个性上，希腊人可以说和迦太基人截然不同。我在前面说过，希腊人做生意的本事绝对不输给迦太基人，但是希腊人赚钱有一个很明确的目的，那就是要活得像个人，而且要过富裕的生活。

问题是，怎么样才叫活得像个人？不同的民族或个人，其人生观是不同的。希腊民族经常思考如何才能活得像个人，所以哲学思想才会在希腊开花结果。

普罗泰戈拉是公元前5世纪的雅典哲学家，以辩才闻名。他说过一句至理名言："人是万物的尺度。"这句话可以说是希腊人的基本理念。自然万物虽然按照各自的生长规律而生存着，然而，如果人类不存在，一切将失去意义。这种以人类为万物尺度的主张是最早的人本主义，它主张万物的意义是人赋予的。

希腊人认为，有正确的人生观的人才能被称作人。有的人追求美好的人生，有的人注重健康，有的人注重思考能力或创造性，有的人注重信仰，每个人的生活理念不尽相同。希腊人认为，追求这些生存理念才是人类生存的意义。事实上，正是这些理念引导着希腊人的生活方式。也只有实现这些理念，他们的内心才能感受到和谐和安宁。

我们可以说，世界上没有哪个民族像希腊人那样注重和谐了。即使在日常生活中，他们也非常注重保持和谐的气氛。澳洲有一位古典学者塔卡专门研究古希腊雅典的市民生活，他这样描述雅典人一天的生活：

雅典人不分贫富，都起得非常早。他们梳洗完毕，吃一点蘸了葡萄酒的面包后就开始工作。大约在早上十点之前，他们就做完了半天的工作。早上十点到中午这段时间，是市场最热闹的时候，所以十点是"上市场的时间"。

市民们一般会利用这段时间购买一天所需的食物和杂粮。

买完东西后，一直到中午这段时间，他们便和朋友大谈人生道理或政治。他们高谈阔论的地方大都在理发厅、药房或医院的候诊室。这些场所都是社交活动的地方。马具店、香料店、鞋店等场所也是一样。

希腊人健谈，所以店老板非常欢迎人们在店里高谈阔论，老板本人也会加入谈论中。一到中午，市场收拾干净之后就成了办公室。人们回家吃过午餐后，利用下午短暂的时间继续做完当天的工作。剩下的时间完全是休闲娱乐了。他们会去体育场所运动。运动项目各种各样，有赛跑、掷标枪、掷铁饼、角力、跳高……运动后冲个澡，除去一身疲倦，然后开始大谈哲学。

希腊人每天的活动时间表会因阶级、年龄、性别的不同而有所不同，但大致来说，上面所述的是一般男性市民一天的生活时间表。

从这里我们可以看出，即使在平常的日子里，希腊人也很注重和谐的生活。他们的工作和休闲分别安排在上午和下午。下午的休闲又分为锻炼身体和滋养精神。他们就是这样，一直保持着工作与游戏、肉体与精神的平衡。

在这里我顺便提一下，"闲暇"一词在希腊文中为scholē(σχολή)，它的意思绝对不是"剩余的时间"，而是指最重要，而且是生活重心所在的时间。于是这个scholē后来变成英文的school，因为学校是培养完整人格的地方。我们可以用亚里士多德的一句话来阐述希腊人的生活理念，那就是：我们为闲暇(scholē)而工作。

希腊人有各种哲学理论，但综合起来，他们的思考基础是一个坚固的理念，即认为心灵高于物质，精神的价值是金钱买不到的，也是金钱无法衡量的。希腊人认为，经济、政治、教育等活动，都是为了实现高贵的精神这个目的的手段。

换句话说，在希腊人的心中，目的和手段非常清楚，而且经常保持和谐的状态。

我在前面提到过，希腊人从公元前8世纪左右就开始殖民。他们在爱琴海诸岛、从小亚细亚的爱奥尼亚地区到黑海沿岸，以及意大利半岛南端至欧洲地中海沿岸，相继建立了殖民城市，也因此与迦太基产生经济摩擦。这两个民族在对待殖民城市的态度上也有很明显的差异。

与其说迦太基人建立的是殖民城市，倒不如说他们建立的只是经济、交易的基地罢了。他们在各地占领港口，只为商业交易所用。对迦太基人来说，重要的是能运送商品或当地资源的良港与仓库。

相反的，希腊人所追求的却是一个充满人性的城市。虽然一个城市的发展一定要有经济活动，但是希腊人认为殖民城市除了是经济基地之外，还应该成为移植希腊文化的基地。位于德尔斐的阿波罗神殿可以说是这些殖民活动的大本营，希腊人在殖民之前都会先到这个神殿祈求指示，并铭记于心，然后才开展他们在各地的殖民活动。

由此看来，希腊的殖民城市经常与德尔斐联结在一起。换句话说，希腊人无论走到哪里，从来没有忘记过希腊精神。德尔斐的阿波罗神殿里刻着一句格言："认识你自己。"希腊人谨守着这句格言到各地建立殖民城市，然后再回到希腊。这句格言促使他们经常自我反省，也使得他们在地中海中穿梭往来的时候，除了得到物质上的财富之外，也满载精神财富而归。

举个例子来说，希腊人在殖民城市爱奥尼亚除了发展经济之外，还非常注重精神文化的培育。我们只要举出诗人荷马、哲学家泰利斯和赫拉克利特等几位名人，就足以佐证这一点。

反观迦太基人，他们每天只知道做生意。他们把所有的精力倾注在追求物质与财富上。所以，迦太基人的经济基地根本没有孕育出精神财富。理由很简单，因为他们根本没想过要追求所谓的"闲暇"。他们从来没有想过身为人类有何意义，什么才是人生的真谛，也没有反省过为什么要工作。他们终其一生只是纯粹的经济动物罢了。

仔细反观战后的日本，我们会发现日本似乎不知不觉地在模仿两千多年前活跃在地中海的希腊和迦太基的做法。

从1945年开始，日本就致力于建立一个民主的社会，民众也有了民主主义的观念。英文的Democracy来自希腊文的Democratia，Demos在希腊文中是"民众"之意，Cratos意指"力量"。由民众力量支配的政治，希腊人称为Democratia。

这么看来，日本人在战后可以说是拿古代希腊为模板来重建日本的。

四十多年来，我们身边充满了希腊文。Chorus（合唱）、Orchestra（乐队）、Stadium（体育场）、Music（音乐）、Energy（能源）、Technology（技术）、Policeman（警察）、Eros（爱神）、Marathon（马拉松）等词汇，都是从希腊文来的。奥林匹克（Olympic）一词不也是如此吗？在现代生活中，被视为文化、文明的东西，几乎都发源于古希腊。所以战后日本要建立的"文化国家"，也可以说就是走希腊式的文化道路。

但是，与此同时，日本又像迦太基一样专注于经济活动。于是，这列希腊式的文化火车在不知不觉中被涂上了迦太基的色彩。现在的日本就是夹在希腊化和迦太基化的缝隙中，不知如何取舍。

热衷于商业买卖并不为过，辛勤工作也应该受到赞扬，因为任何一个国家如果缺少这两样，是绝对无法繁荣起来的。日本在战后短短的三四十年间能成为世界上首屈一指的富裕国家，可以说是靠日本人的辛勤工作。但是，为什么我们总是感觉缺了点什么呢？

答案很明显，因为我们在追求财富的同时，忽略了精神文化的重要性。我们忘了希腊人对人生价值的反省，我们不再追求人生的真谛，也毫不在乎和谐的感觉，只是一味地步迦太基的后尘。

迦太基的命运又如何呢？

我们确实有必要详细研究一下迦太基的历史。

第五章

最初的舞台

最初の舞台

❖西西里岛：悲剧揭幕的舞台

"事件"是从地中海中部的西西里岛开始的。所谓"事件"，也可以说是一场戏剧——不，应该说是一场悲剧。决定历史走向的剧本，在最早的时候可能是由一幕小小的戏剧揭开序曲的。同样的，在西西里岛发生的"事件"也是从一场小小的竞争开始的。

当时，腓尼基人在北非的一角，也就是今天的突尼斯一带建立"新城"（即迦太基城）没多久。这个被称为"迦太基城"的都市，凭着自身强大的经济实力，很早就在地中海各地拥有重要的交易基地，其中最受他们重视的就是西西里岛。

让我们翻开地中海全图吧！在这个海域里，有无数的岛屿。大岛首推西西里岛，其西北方则是撒丁岛。在地理位置上，西西里岛可以说占尽地利之便。北非的卡本半岛在它的南方，而意大利半岛就像一只长靴从欧洲伸过来。这两者都是西西里岛的屏障，使它取得地中海的霸权地位。所以，西西里岛便成了决定不同国家与民族命运的舞台。如果我们仔细观察地图上的西西里岛，很容易预料它的命运走向。西西里岛的西侧靠北非的地方是迦太基的基地，意大利"长靴鞋尖"的东边是希腊的势力范围，而西西里岛又是罗马的基地所在，从这三点来看，我们就可以知道这个岛屿的重要性了。

实际上，历史也是按照这个地理位置发展的。罗马后来才登场。在希腊人进出西西里岛东部之前，迦太基人早已把该岛西部视为其重要的经济基地，因此这两大民族必然会在这里发生激烈冲突，而鹬蚌相争的结果是引来了罗马这个渔翁。

希腊人在西西里岛扩张势力是在公元前7世纪。希腊半岛非常狭窄，如果将意大利半岛比喻为一只长靴，那么，希腊半岛就像一只短靴。希腊土地贫瘠，无法供养庞大的人口，所以，精力充沛的希腊人会往海上发展，也是理所当然的了。

希腊人是迦太基人的对手，前者做生意的本事并不输给后者。会做生意，就能存下钱，生活优裕，人口便会大增。然而，土地狭窄的希腊无法容纳日益增加的人口，于是希腊人便展开了殖民活动。

地中海的东边，也就是现在的中东地区，有强大的亚述帝国挡道，不容易找到殖民地，希腊人只好向南发展。希腊人首先进入意大利半岛南部，接着是与半岛相邻的西西里岛。当时已经在西西里岛西边建立经济据点的迦太基人对希腊人在西西里岛东边的殖民活动早有不满。

希腊人的殖民活动进展迅猛，他们的基地设在西西里岛东南端的叙拉古。迦太基的桥头堡则是位于西西里岛西边的小岛莫提亚。

希腊陆续在盖拉、阿克拉加斯(即今阿格里真托)、塞利努斯等地建立殖民地，慢慢地扩张自己的势力。当时，希腊早已在北边拥有殖民地希梅拉，因此便把势力向西推进到希梅拉和塞利努斯的连接之处。最后，希腊的触角向西伸展到莫提亚岛附近的利利贝乌姆(即今马尔萨拉)。

迦太基眼看希腊步步向西逼近，终于无法忍受，便出兵压制利利贝乌姆，随即双方的对立局面趋向白热化。最后，为了争夺希梅拉，双方展开了大规模的"希梅拉之战"(公元前480年)。在这次战役中，迦太基大败，不得不放弃削弱希腊势力的念头。

我们不能就此认定西西里岛的希腊殖民城市都具有希腊同胞意识，齐心协力对付迦太基。事实上，由于利害关系不同，这些殖民地之间几乎是互相仇视的。希梅拉虽然是希腊的殖民地，却畏惧叙拉古僭主格隆的野心，而向迦太基寻求军事援助；南方的殖民地塞利努斯一方面与迦太基保持良好关系，一方面又对迦太基的基地莫提亚采取敌对的态度。所以，当时殖民地之间的关系是错综复杂的。

换句话说，不管是希腊的殖民地，还是迦太基的殖民地，都与近代的殖民地大不相同。当时，每个殖民地可以说就是一个独立的都市国家。希腊在西西里岛的殖民地都与迦太基人保持着通商关系，有时为了与其他殖民地相抗衡，有些希腊殖民地甚至会向迦太基寻求军事援助。

殖民地之间错综复杂的关系，导致西西里岛的历史变得非常复杂。我们可以说是这些复杂的利害关系招来了强国罗马的介入，但从整个大局来看，希腊与迦太基之争，才是招来罗马介入的主因。

让我们把纷争放在一边，先来探访迦太基在西西里岛的据点莫提亚。

❖在海中行驶的马车

我曾经看到过一张照片,照片上的景象非常奇妙:一辆马车从海岸驶向海中小岛。海面离岸边有一段距离,马车可以走,表示海水不深。可是再怎么浅的水,车轮也会陷在海底的沙里呀?海水下面到底有什么乾坤呢?

我们只要看一下那张照片的说明,就可以知道答案了。原来,有人在浅滩上修建了一条长约两公里的石头路。从海面上我们可以看出,这条石头路是一道完美的石堤,马车就行驶在石堤之上。

到底是谁修筑了这条"海底石堤"呢?答案是迦太基人。他们在西西里岛西边的小岛莫提亚建立了经济基地,想以它为踏脚石进出西西里岛。

莫提亚只是一个面积约三平方公里,两端相距不过数百米的小岛。但是,小岛的西边还有一个细长的小岛隆加岛,人可以通过游泳到达。隆加岛像个半岛般把莫提亚与外海隔开,所以莫提亚岛就像在港湾里一样。

一般的说法认为迦太基人是在公元前8世纪于莫提亚建立基地的,正确的时间则无法考证。他们在莫提亚修建码头、船坞、仓库等,整个岛就像个要塞似的;他们还在该岛与西西里岛之间修建了一道长堤。当时这道长桥般的石堤并不在海面之下,而是高出海面一米左右,宽度刚好够两辆马车并排行驶。可能是因为这段石堤地处内海,风浪不大,所以只需要修建那么高吧!

后来,这道石堤因为战争而遭到破坏,再加上岁月的侵蚀,最终下降到海面之下。不过几年前,人们将莫提亚栽培的葡萄运送到对岸的比吉海滩时,仍然使用了这道海面之下的石堤。我看到的照片,就是当时运送葡萄的马车行经"海底石堤"的情形。

我探访莫提亚是在看到那张照片几年后的3月中旬。我住在西西里岛西岸的马尔萨拉(利利贝乌姆)。第二天,我来到比吉海滩。初春的海风特别强劲,吹皱了内海平静的海面。海滩四周是一片白皑皑的盐田。盐田的尽头有一个码头,两艘老式蒸汽渡轮随波摇曳。渡轮不定期地从莫提亚驶来,只需几分钟就可到达西西里岛。

我立刻开始寻找照片中的"海底石堤",最后才知道这道石堤的另一头在离这个码头约有一公里远的海滩。

后来我决定先搭渡轮到对岸的莫提亚去看看。登岛之后,我惊讶地发现莫提亚小得就像一个沙洲。在"沙洲"的中央,有一座三层的石头城堡,据说是一个博物馆。城堡四周零散地堆着一些出土的石雕、梁柱残片等遗迹。据说这个博物馆以前是在此发掘迦太基遗迹的希腊人约瑟夫·华特克的宅邸,博物馆的庭院里还立有约瑟夫的半身像。

我跟随导游环岛一周,然后沿着葡萄园中的小路来到南边的科顿港。这个方形的港口宽约四十米,长约五十米,小得会让人以为它是一个小池子,可以说只是一个隐藏船只的地方。藏在内海的莫提亚岛本身已经非常隐蔽了,迦太基人却认为它还不够隐蔽,非得再找个更隐蔽的内港才安心。我非常钦佩他们的用心。

这么看来,我们在突尼斯所看到的迦太基的军港和商港也是基于这种考虑而设置的。被称为"地中海女王",独掌当时海上贸易大权,拥有数量庞大的军用船舶,对地中海握有制海权的迦太基,其最早的根据地只是这样的一个小港吗?的确令人难以置信。此外,这里竟然还有一个缩小版的港口。由于缩小版的港口保存良好,我们可以很清楚地看出它的架构。港口深度不到三米,底部铺了平整的石头,船舶利用狭窄的运河进出港口。

从复原图来看,当时这个人造港口的四周围着一圈类似城堡的厚墙,运河则从下面通过。直到今天,科顿港仍然保留着厚墙和狭窄通道的遗迹。看过这个人造港口的构造后,我们便可了解迦太基人的警戒心很重,他们的个性也相当谨慎。

根据研究员的调查,长度超过十米的船是无法通过通道门的。从运河的宽度来看,这个人造港口至多能容纳五六米长的船。这些迹象以及码头的规模可以证明迦太基人所用的船大多是小型渔船。古代的迦太基人竟然用那么小的渔船来运送货物,的确令人费解。

此外,令人感到不可思议的还有一点,那就是莫提亚岛虽然是迦太基人的门户,它与本岛(即西西里岛)之间的交通却非常不便。迦太基人虽然修筑了通向对岸比吉海滩的石堤，却没有想过在本岛建立更大的殖民地。由此可见，迦太基人只关心商业，只要商业基地能保住就可以了。他们的想法和希腊人的完全不同。

当时希腊人在西西里岛的东部不断地新建殖民城市，比如希梅拉、纳克索斯、叙拉古、盖拉、墨加拉、阿克拉加斯、塞利努斯等。希腊人一旦在某个殖民城市站稳脚跟，除了做生意之外，他们还会盖神殿剧场、竞技场等娱乐设施，将希腊文化深植于殖民城市。

迦太基不甘示弱，在西西里岛的西部占领了几个城市当地盘，但是这些城市大都是当地人建立的，迦太基人只是据为己有，并未加以建设。其中塞格斯塔（即今艾格斯塔）就是个很好的例子。塞格斯塔在西西里岛的西北方，根据修昔底德的研究，它是伊利米人建造的。据说伊利米人是在特洛伊快要被希腊军队攻破时，乘小船到西西里岛避难的特洛伊人。根据修昔底德的《伯罗奔尼撒战争史》，以前还有塞浦路斯人以及从伊比利亚半岛渡海而来的西卡尼人，或从意大利移民过来的西库里人（后来这个岛才由"西库里"改名为"西西里"）杂居在这个岛上。

我们不太清楚这些当地居民和迦太基人有什么历史渊源，也许他们与腓尼基人同属一脉吧。迦太基人没有为了将这些城市据为殖民地而把当地居民赶走，反而与这些人保持友好关系，进行商品交易。因此，塞格斯塔便成了迦太基人的友好城市，马上与位于西西里岛南端的希腊城市塞利努斯展开激烈的竞争。在这场争战中,塞利努斯向叙拉古求助,而塞格斯塔则向雅典求援。塞格斯塔和希腊的殖民城市起了纷争,却向雅典求援,这一举动的确令人感到奇怪。雅典在希腊城邦中较为中立,且殖民的人总是互相对立,不断制造纷争,所以雅典答应了塞格斯塔的求援,开始远征西西里岛。结果雅典在这场征战中彻底失败。修昔底德说:"从来没有一个战败者会落到如此悲惨的下场。"

于是,塞格斯塔转而向迦太基求援。从此,希腊与迦太基以西西里岛为舞台,展开了一百多年的激烈斗争。结果是双双"挂彩",各有损伤,最终在西西里岛形成东部是希腊的势力范围、西部是迦太基的势力范围的对峙局面。

❖饱受铁蹄践踏的宝岛

虽然双方形成了对峙局面,但令人感到不可思议的是,除了莫提亚岛之外,迦太基人竟然没有在西西里岛留下任何痕迹;而在希腊的殖民城市中,不管是叙拉古、阿克拉加斯或塞利努斯,希腊人都留下了完美的希腊文化。

迦太基接受塞格斯塔的求援之后,从本国派遣强大的兵力,由汉尼拔(此处的汉尼拔与后来在第二次布匿战争中立下奇功的汉尼拔不是同一人)担任总司令,首先攻击并且彻底地洗劫了塞利努斯,然后北上进攻希梅拉,将此地踩躏得满目疮痍。这种攻击方式正是迦太基式的典型做法。

也就是说，把征服来的城市占为己有，对迦太基人来说毫无意义，因为他们厌烦占领之后的琐碎杂事。迦太基人的目的只是财富，城市只是得到财富的基地罢了。说到领土，整个海域都是他们的领土。他们认为拥有大片土地，然后将精力倾注在统治上是极其愚蠢的。

所以，在西西里岛西边的莫提亚岛设个基地就足够了，迦太基人从来没想过将这个基地扩展到对岸的西西里岛上。对他们来说，只要有能进出船只的港口、能修理船只的船坞、能够堆放商品的仓库就足够了。他们想要的是点，而不是面。迦太基人航行的世界那么广阔，却没有留下任何遗迹，就因为他们是不折不扣的海民，而不是陆民。

对"怪鱼"迦太基人来说，他们要的只是能够进行交易、补给粮食和饮水、修理船只的船坞罢了。

尽管如此，小船坞却必须保证绝对安全，因为这里是迦太基人存放重要货物——也可以说是藏宝——的地方，也是搜集重要情报、监视商业对手的据点。因此，迦太基人必须慎重选择绝对安全的港口。他们最早发现，且当作根据地的迦太基城，其地形条件完全符合他们的要求。

我们只要看看现在突尼斯的地图便能验证这一点。在突尼斯的东边，突出的邦角半岛单手环抱突尼斯湾，在这个臂弯里，又有一个像锚一样的小海角，而迦太基城的港口就设在这个小海角的东侧，直到今天，我们仍然可以辨认出港口的位置。港口虽然隐蔽，但船只可以自由地出入。

当我探访迦太基的遗迹时，我惊讶地发现在古代和希腊争斗、与罗马帝国征战过的迦太基，其本土竟然如此狭小。迦太基人是这块土地的统治者，但他们从没想过将迦太基城归为其领土的一部分，他们只是利用了这座城市的经济价值罢了。

对一个商业国家来说，对一个地方进行军事征服和政治统治，远不如经济利用来得合理、安全，而且显得聪明。对迦太基人来说，只要财富到手，何必牺牲劳力，花那么多心思在统治上呢？我们只要看看迦太基经济基地的港口风貌，就可以了解他们所谓的"智慧"了。

让我们再回到莫提亚岛吧！首先我们会注意到旧城墙的遗迹，直到今天，我们依然可以看出当时城墙的轮廓。城墙不厚，环岛一圈全长两点四公里，每隔二十米设一个监视塔，整座岛就像一个军事要塞。根据通常的说法，此城修建于公元前6世纪中叶，是为了对抗希腊而建的防御工事。在当时，城中应该建有不少豪华建筑，关于这一点，我们从那些美丽的马赛克——可能用来点缀庭园——的遗迹中便可推断出来。当时城里最多住着数千人，与西西里岛的希腊殖民城市相比，莫提亚不过是个"部落"的居住地罢了。不可否认的是，莫提亚岛的确是一个"宝岛"。希腊人被这个"宝岛"吸引而来，也是理所当然的事。

迦太基和希腊以西西里岛为舞台争战了一百多年，其间莫提亚岛也难逃战火的侵袭。在战争末期，迦太基痛击希腊军队，取得了西西里岛西部各城市的支配权，但是，当迦太基的军队拔营回国之后，叙拉古僭主狄奥尼修斯一世再次率领大军西进，攻击莫提亚岛。迦太基虽然将那条"海底道路"破坏掉，以图防守莫提亚，但是希腊军队又在上面建了堤道，很轻松地渡海而来，最终攻占了城堡。这条"海底道路"成了迦太基的致命伤。

易守难攻的莫提亚岛最终还是被狄奥尼修斯一世的军队攻下。这个小小的"宝岛"被彻底地洗劫一空，惨不忍睹。当时是公元前397年。

迦太基的军队很快就从本国赶来救援，赶走了狄奥尼修斯一世的军队，但还是无济于事。劫后余生的莫提亚岛居民逃到对岸的海角，与当地土著混居，建立了新的城市利利贝乌姆，这里后来取代了莫提亚岛，成为迦太基的新据点。迦太基人在这里重新修筑了坚固的城墙，使之成为经济和军事重地。一百五十多年后，这里爆发了第一次布匿战争，这一次，迦太基败在了罗马大军的旗下。

第二次布匿战争时，罗马将军西庇阿（阿非利加的征服者，第二次布匿战争时在扎马会战大胜汉尼拔，又称"大西庇阿"）率领的攻打迦太基本土的军队，就是从这里出发的。

我想要探访的马尔萨拉城正是这个利利贝乌姆。我从莫提亚回到马尔萨拉那天的夜晚，在这个位于海角尖端的城市，春雷响个不停，海水咆哮着拍打着海滨的道路。我在海边一家安静的餐厅吃过晚餐,回到旅馆时全身被淋得像一只落汤鸡。海角的博物馆里展示着仿照从海底打捞上来的迦太基船只制作的复制品。那天晚上,我梦见自己搭着那艘迦太基船漂浮在暴风雨的海上。

❖ "怪鱼"和"怪兽"的协定

在西西里岛上一直扮演迦太基据点角色的莫提亚岛,最终毁于叙拉古僭主狄奥尼修斯一世的军队。在它被毁灭后约半个世纪——正确地说是四十九年之后——也就是公元前348年,迦太基与还是"发展中国家"的罗马签订了通商条约。希腊历史学家波利比乌斯在其著作《通史》中记录了当时的条约内容。令人不敢相信的是,这份条约的规定太单方面了,几乎全由迦太基决定,而罗马竟然接受了。通商条约的内容大致如下:

1. 罗马及其同盟的军船不得越过美丽海角(指的是邦角)以西的地方,但遇到暴风雨或受敌(指的是海盗)侵犯时不在此限。在此情况下登陆者,除购买修理船只的物料工具或祭仪必需品之外,不得买卖任何物品,且须在五日之内离开。

2. 以交易为目的者,若无官方人员在场,不得进行任何商业活动。由当局认可的交易而得的商品,欲卖到非洲各地或撒丁岛时,价格不得低于当局所定之价格。

3. 在西西里岛上只要属于迦太基统治区内的罗马人,得被赋予与迦太基人同等的权利。

4. 迦太基人不得对拉丁人有不公正的行为，且不得在拉丁姆（罗马一带）建造城堡。

这份条约到底意味着什么呢？我们认为，这是迦太基为确保自己的利益而对罗马做出的严格限制。它害怕罗马海军势力强大后，罗马商人会依仗罗马的军事力量进出地中海西部。当然，迦太基也必须表明自己对意大利半岛不抱任何野心。条约第四项的规定就写得很清楚。

实际上，迦太基关心的不是他国领土，而是自己的商业利益。它最担心的是商业利益被他人侵犯。

罗马为什么会愿意接受这份单方面的条约呢？没有人能知道他们真正的想法，也许是因为罗马对商业并无多大兴趣。罗马的贵族们根本看不起商业行为，他们的目的在于强兵。迦太基志在富国，罗马志在强兵，这些都很明显地表现在条约里。

换句话说，这份条约也可以说是被喻为海中"怪鱼"利维坦的迦太基，和被喻为陆上"怪兽"比希莫特的罗马之间所订立的象征性"协定"。

对海洋毫不关心的罗马——对商业毫无兴趣的比希莫特，虽然被禁止进入邦角以西的地区，但它并没有觉得有什么不妥。罗马担心的是迦太基会对意大利半岛进行武力侵略。只要迦太基没有入侵的意图，罗马也不在意失去在地中海西部海域扩张势力的机会。

当然，事实上，这些都是因为当时的罗马仅仅将注意力放在意大利半岛上。当罗马开始放眼外部世界，开始意识到强兵必先富国的时候，它与迦太基之间的表面友好关系便宣告结束，双方很快形成对决的局面，而战争的导火线正是被称为"西库里"的西西里岛。

"西库里"是怎样一个充满因果关系的小岛呀！一个区区小岛，竟然能招来罗马，决定世界历史的动向！

我住在该岛西端海角的马尔萨拉，一整晚被迦太基的船只摇得昏昏沉沉的。听说天气反常，三月的意大利南部竟然飘起白雪，西西里岛整天吹着刺骨的寒风，没有暖气的房间冷得像冰箱一般，我颤抖了一整个晚上直到天明，所以才会做那样的梦吧！

这真是一个奇怪的梦。我梦见自己坐在迦太基的船上，像荷马史诗《奥德赛》的主角奥德修斯一样漂流，所到之处都是银色的冰山。对面的冰山里出现了人影，好像是希腊士兵，也可能是罗马军人，他们不断地朝这边叫道："停止前进！"但我不听，仍然命令船长模样的男子："不准停下来，你敢停下来我就杀掉你！"最后，船撞上其中一座冰山，发出轰隆隆的声音，并伴有闪光。突然，我从睡梦中惊醒，发现闪电照亮了窗子，接着雷声大作。我起来拉开蕾丝窗帘，看见海边的路灯形单影只地伫立在雨水和海浪拍打上岸而形成的水雾中。

第六章

布匿战争

ポエニ戦争

❖宿命之战开始

一提起"外籍兵团",人们可能会联想到一些电影的名字。在古代战争中,外籍兵团,也就是所谓的"佣兵"对战争的影响很大。佣兵为钱而战,他们是雇佣契约下的战士。

除了按照契约拿到替人打仗的报酬之外,战争对佣兵来说还有更大的吸引力——他们可以在战争中肆意掠夺。只要他们攻下某个城市,就可以将当地财物据为己有。不只是财物,连人都包括在内。为了掠夺人口和财物,他们连自己的性命都赌了进去。

所以,佣兵不为名誉而战,也不为忠诚而战。他们的目的只是打胜仗。如果战败,一切就化为乌有了。因此,优秀的将领必须知道如何指挥这些佣兵,如何与他们订下报酬契约,如何在战胜后心胸宽大地与他们分赃,以赢得军心。被称为天才将领的亚历山大大帝,除了具有优秀的作战能力之外,他的领兵秘诀就在于如何领导佣兵。

一心想远征印度的亚历山大,由于士兵们的反对,最后决定从印度河撤兵回到巴比伦。军队往西撤退时途经今巴基斯坦一带的沙漠,那儿热得简直像地狱一般,很多士兵中暑渴死。后来有一名士兵好不容易取得一杯水,便将水献给了亚历山大,亚历山大在众目睽睽之下却将那杯珍贵的水洒在了地上。他认为自己作为统帅,必须与士兵同甘共苦。这样一来,士兵们对他敬佩得五体投地。

我们可以说，在某种程度上，整个世界史的剧情被佣兵所左右，比如迦太基与罗马武力相争的局面，就是由希腊城市叙拉古僭主阿加托克列斯（他因生性残酷而恶名昭彰，曾经远征到迦太基的本土，并与迦太基订下和约）从意大利的坎帕尼亚招募来的佣兵团"马麦丁人"的残余分子所开启的。

一旦没有利用价值，这些佣兵就会立刻被解雇，这是佣兵的宿命。被解雇的佣兵回到意大利半岛也没有出路，所以便留在西西里岛，渐渐地在那里站稳脚跟并发展壮大起来。他们专做不需要本钱的勾当——掠夺。

最后他们携带家眷在西西里岛东北部，与意大利半岛"鞋尖"相对的墨西拿住下，并以此为根据地当起海盗。他们不仅掠夺海上船只，还入侵邻近的城市。他们杀戮市民，强暴妇女，席卷财物，极尽残暴之能事。他们自称是"战神马尔斯的士兵"。

亚历山大以三十二岁的英年殁于巴比伦。六十年后，西西里岛总算恢复平静，各个城市都致力于商业活动，但是希腊与迦太基的竞争局面并没有改变，双方势力处于此消彼长的动态状态。在这种情况下，前面提到过的佣兵团的残党成为新的火种，而罗马则取代希腊，跃跃欲试地想要在这个岛屿上扩张势力。

事情的来龙去脉是这样的——叙拉古僭主希罗二世由于受不了马麦丁人的无赖行为，终于率军讨伐他们。马麦丁人一边镇守在墨西拿，一边仔细衡量是向罗马求救呢，还是向迦太基求援！墨西拿是西西里岛的要冲，若以此要冲"抵押"，不管罗马或迦太基，一定会赶来助一臂之力。以位置来看，罗马一定会来保护它，所以马麦丁人决定成为罗马的佣兵，向罗马建议将他们当作罗马在西西里岛的"保镖"。

罗马的态度非常谨慎。因为这个外籍兵团本来是坎帕尼亚地区的家伙，曾经蹂躏过意大利半岛"鞋尖"处的城市里吉姆（即今雷焦卡拉布里亚），当时罗马费了很大的力气才将他们赶走。有了这段艰难的经历，罗马对援助马麦丁感到非常担心，因为谁也无法保证他们不会再度成为烫手的山芋。

让罗马为难的是，如果罗马拒绝马麦丁人的求援，他们一定会转向求救于迦太基，迦太基则一定会借机在墨西拿扩张势力，那么到时候情况对罗马来说一定有如芒刺在背，非常难受。罗马不能冒这么大的风险！罗马的元老们审慎地召开了好几次会议，最后决定出兵救援马麦丁人。于是，罗马的军船越过了海峡。

事情的发展出人意料。因为叙拉古僭主希罗二世抢先一步向迦太基求援，迦太基便派汉诺总司令率领船舰进入墨西拿的港口。马麦丁人不敌，屈服于迦太基，所以事实上迦太基在罗马出兵之前就已经把事情摆平了。

虽然如此，罗马的拳头已经挥了出去，就得有个结果。罗马军命令迦太基舰队从墨西拿撤走，自己则在西西里岛的一角盖了桥头堡。

迦太基虽然撤走了舰队，但对罗马的行为感到非常愤怒，马上宣战。第一次布匿战争就此爆发，时为公元前264年。

❖ 罗马的决心

罗马曾经受辱于迦太基,我们在上一章提到的单方面的条约就是其中一个例子。像这样的不平等条约,罗马竟然也接受了,那是因为罗马没有足够的船只与迦太基抗衡。罗马军团是陆军团(比希莫特),并非海军团(利维坦),所以迦太基一直掌握着地中海的制海权。此次战役的战场是一个岛屿,不管它怎么接近罗马本土,罗马要到西西里岛打仗,运送兵员、补充武器和粮食,都得渡过大海。对迦太基来说,将渡海的罗马船只打到海底,简直不费吹灰之力。

在海军方面,罗马的确不是迦太基的对手。罗马没打过海战,即使有舰队,也只是做做追赶海盗的训练罢了。迦太基的司令官汉诺信心十足地率领舰队攻打墨西拿,叙拉古僭主希罗二世则从陆地出兵,与之呼应。

然而,罗马已不再是四十年前被迦太基强迫签下不平等条约的罗马了。虽然他们的海战经验不够,陆地上的战斗却是身经百战,训练有素。正是由于罗马在陆战上具有优势,意大利半岛才会被罗马所控制。战斗意志高昂的罗马军在执政官克劳狄的率领下,摸黑渡海,一上岸便攻破了希罗二世的包围,将叙拉古军队打败。

不过,罗马并没有乘胜追击。罗马认为只要让对手知道罗马军的厉害就可以了。罗马认为真正的攻击留待日后准备周全了再进行也不迟,便撤回本土。罗马的这次攻击之所以取胜,主要是因为运用了巧妙的战术。

第二年,罗马再次率领大军渡海到西西里岛,打败叙拉古和迦太基联军,并进击叙拉古城。一打起陆战,迦太基只有被罗马追击的份儿。迦太基的海军根本发挥不了作用。希罗二世一定非常痛恨迦太基军队不争气,这位机敏的僭主马上见风使舵,背弃迦太基,向罗马军投降。

罗马就这样在很短的时间里掌握了西西里岛东岸的要冲墨西拿和叙拉古,成功地控制了西西里岛的据点。罗马的下一个目标是西西里岛西南部的希腊城市阿克拉加斯(即阿格里真托)。这个城市与罗马作对,依附于迦太基。罗马随后开始慎重练兵,决定在第二年发动攻击。

迦太基也不是好惹的。司令官汉诺麾下的舰队马上聚集到阿克拉加斯西部的赫拉克·米诺亚,汉诺还率领规模不亚于罗马军的部队登陆,与罗马军对峙。阿克拉加斯被包围了半年后,粮食供应中断,不得不背水一战。但是,陆战还是罗马占上风,迦太基军队大败,阿克拉加斯最终落入罗马手中。阿克拉加斯的两万五千名当地居民被卖为奴隶,这是罗马对他们采取的最严苛的惩罚。

西西里岛的战局因阿克拉加斯的陷落而有了很大的转变。表面上罗马胜利了,但是,西西里岛是个岛屿,罗马在陆战上虽然获胜,想要持久守住,非得靠海军不可。不久,罗马便意识到自己必须拥有强大的舰队,因为即使把迦太基的势力从西西里岛上一扫而空,还是无法对付掌控海域的迦太基海军。从另一个角度来看，罗马也许会因为迦太基撤出西西里岛，反而被陷在岛上，形成被孤立的局面。

因此，形同被"监禁"在西西里岛上的罗马军队，迫切需要组建能在海上与迦太基抗衡的海军。比希莫特必须蜕变成利维坦才行。不，罗马最后决定同时扮演这两个角色。此时的罗马帝国跨出了走向未来的第一步。所以，第一次布匿战争也可以说是建立大罗马帝国的关键转折点，罗马的考验由此开始。

❖新式武器

第一次布匿战争持续了二十四年，最终的结果是迦太基降服在罗马旗下。战争期间发生了很多场迂回曲折的战役，其中有几次决定性的战役是在海上发生的。

一是发生在西西里岛的东北部米拉海岬附近的海上战役；二是发生在阿克拉加斯和盖拉之间的埃克诺姆斯海岬战役；三是发生在西西里岛的西北部德雷帕纳（即今特拉帕尼）港的激烈战役。

在第一次海战中，罗马面对强劲的对手迦太基竟然能获胜，是因为罗马人苦心设计的新式武器立下奇功。这个新式武器是被称作"乌鸦钳"的一种"接舷吊桥"。罗马人设计了一架装置在己方战船前面的吊桥，桥的前端挂着钩子，前进时直立收起，等到与敌船靠近时，把桥推向敌船，钩子便如乌鸦的尖嘴啄食物般勾在敌船上，如此这般桥便架在敌我船只之间。桥一架稳，罗马的武装步兵便冲上敌船，在船上打起陆战来。

这种冲锋陷阵的战术，使迦太基的军队败得狼狈不堪。这种战术不必考虑船只大小；不，应该说对方的船越大，罗马士兵越能在船上发挥出陆战作战能力，纵横无阻。

在米拉海战中，迦太基之所以会溃不成军，完全是因为罗马这招出奇制胜的秘密战术。

以前的海战方式，都是用船头互相撞击，使对方船只破损沉没。这是一种非常简单的作战方法。如果使用这种传统战术，船只的大小、掌舵技巧高超与否，是决定海战胜负的关键。为了耐撞，船头必须有充分的武装，并且得巧妙地操纵船只，攻向对方船腹最薄弱的部位。如果以船头互撞，小船一定会被撞得粉碎。迦太基人在掌舵技巧或实施船头冲撞战术上都是佼佼者，罗马的船不知被撞碎过多少艘！

这么说来，要胜过迦太基，只要建造更大的船、船头武装更强不就解决了吗？但是，无论是在造舰技术方面，还是操船训练上，陆上怪兽罗马都难望迦太基的项背。因为造船技术不是一朝一夕就能学习到的。迦太基拥有数百年的造船经验，事实上，如果罗马没有抢夺到迦太基的新锐船只，最后可能必须屈服于迦太基。罗马当时将夺得的迦太基新型船只进行一步步的分解，研究船只的构造，最终掌握了迦太基的造船技术。

卡尔·施米特曾经说过："罗马本来是意大利农民共和国，是一个纯粹的陆地之国，由于跟海洋之国，也是贸易之国迦太基作战，才使她成长为大罗马帝国。"《陆地与海洋》

米拉海战的始末是这样的。

原来驻守在西西里岛的潘诺穆斯（即今巴勒莫）的迦太基舰队，得知罗马舰队南下直攻墨西拿的消息后立刻出兵迎击，两军在米拉海岬附近的海上交战。迦太基的司令官汉尼拔（与后来在第二次布匿战争中立下奇功的汉尼拔不是同一个人）远眺罗马的小船队，认为己方的实力绰绰有余，便决定沿用传统的战术，命令船队冲向对方。

没想到罗马船只方向一变，与迦太基船舰并排，并迅速用"乌鸦钳"钩住迦太基船舰的甲板。眨眼之间，手持盾牌的罗马步兵已一拥而上，冲到迦太基的船舰上。当时，迦太基的海军士兵一定不清楚是怎么回事，怎么也不肯相信自己的眼睛吧！

结局就不用赘述了。迦太基人眼见自己的船只被罗马一条条掳获，军心大乱，竞相逃窜。最终，迦太基的五十艘船舰，也就是一半的船舰落入罗马手中。迦太基尝到了未曾有过的战败滋味。

❖ 迦太基的攻势

打了胜仗而信心十足的罗马想一举攻入迦太基本土，便积极地扩大舰队装备，于四年后将船舰航向非洲北岸。迦太基为了阻止罗马南下，也动员了所有的船舰，双方第二次海战正式开打。当时是公元前256年的春天。

这场当时规模最大的海战，发生在埃克诺姆斯海岬。根据波利比乌斯的记载，罗马舰队有三百三十艘船只，迦太基则派了三百五十艘船只与之对抗。罗马兵员共十四万，迦太基则动员了十五万人。

结果迦太基再次败北。迦太基的舰队排成一横排，列阵在罗马舰队前面，而罗马舰队则摆出三角队形，试图用三角的顶点突破迦太基的中央舰队；迦太基舰队一见中央舰队被攻击，两端的舰队迅速包围罗马军的三角顶点，可是这次又重蹈了米拉海战的覆辙，迦太基再次败在罗马的"乌鸦钳"之下。

根据波利比乌斯的记载，罗马损失船只二十四艘，迦太基的船只损失了三十艘，被罗马缴获了六十四艘。勉强逃回本土的迦太基舰队残部重新整顿，驻守在突尼斯湾，准备迎击罗马舰队。罗马将计就计，从邦角东侧（今克里比亚）登陆，在那里建立了一个据点。

如果罗马直接攻击迦太基的话，第一次布匿战争可能就此结束，但是，罗马对这次决战非常慎重。在这次登陆作战中，他们已经抓到了两万名士兵作为罗马的奴隶了，有什么好急的呢？而且当时正值冬季，他们认为最好等到第二年春天再发起进攻。因此，罗马留下四十艘军舰和一万五千名士兵，其他的全部班师回国。

没有人了解罗马为什么没有一举进攻迦太基。就战争而言，踌躇不前、优柔寡断是最要不得的。难道罗马不知道错失良机只会给迦太基重新备战的时间？或者罗马打算由守备队在东部牵制敌人，再派主力部队从西部攻击？

不管罗马是怎么想的，这种情况对迦太基是有利的。迦太基利用这个喘息的空当，招募战斗力非常强的佣兵，准备和罗马决战。

罗马对于陆战似乎过于自信,他们没有想到迦太基花了一大笔金钱,聘请希腊优秀的军事家赞提帕斯当参谋,并且雇了他麾下的斯巴达佣兵队助阵。这是一批专业的外籍兵团。最后迦太基聚集了步兵一万两千人、骑兵四千人和上百头的大象部队,阵容庞大。

罗马守备队的总指挥官、执政官马尔库斯·阿蒂利乌斯·雷古鲁斯是一个缺乏深思熟虑的人。他应该等到第二年春天罗马的主力部队到达时再发起进攻,可是急功近利的他低估了迦太基的实力,竟向迦太基宣战。要是战胜了,功劳全归他,这种诱惑令他无法抗拒。

可是结果非常惨。迦太基所用的是著名的努米底亚(罗马时代非洲撒哈拉沙漠以北的部分地区的名称)骑兵、斯巴达战士,加上大象部队——好比古代的坦克,罗马再怎么厉害,也不是迦太基的对手。

根据波利比乌斯的记载,罗马军突破迦太基的包围而逃生的只有两千人,雷古鲁斯的部下有五百人被俘虏,一万两千人统统战死沙场。

悲剧继续发生在罗马身上。罗马元老院得知战败,马上派船舰三百五十艘前往迦太基救援。这支舰队好不容易将罗马残存的部队载上船,回程航行到西西里海岸附近时却遇上暴风雨,导致两百五十艘船沉没。

整个战争局势至此有了很大的改变。迦太基虽然再次转守为攻,罗马却败而不馁。迦太基在西西里岛西部的利利贝乌姆重新建立军事基地，罗马则全力投入重建舰队的工作中。十几年后，战争的舞台再次回到西西里岛。双方的第三次海战发生在德雷帕纳，那是罗马从非洲撤退后的第六年。

西西里岛的战局还没有了结，急躁的罗马执政官阿皮乌斯·克劳狄乌斯·普尔凯尔又想一举歼灭迦太基舰队，于是率领由一百多艘船组成的新编舰队，悄悄地驶向迦太基在西西里岛西北岸的据点德雷帕纳港，准备偷袭港内的迦太基船舰。

迦太基早已侦察得知这个情报，迦太基的司令官阿德赫巴尔不慌不忙地将舰队调到外海，等待敌人入瓮。接着海面起了波涛，这一次又是迦太基占了上风。罗马舰队连使用"乌鸦钳"的机会都没有，就被一举击溃，执政官阿皮乌斯·克劳狄乌斯·普尔凯尔竭力突围，得免一死。根据波利比乌斯的记载，罗马只幸存三十艘船，其他的九十三艘船和士兵都成为迦太基的战利品。

至此，西西里岛墨西拿的战争已经打了十五年，战况没有一点儿进展。双方舰队的损失和兵员的消耗都非常大。虽然如此，这个不知结局的战争又延续了将近十年。

❖二十四年战争的结局

公元前247年，年轻的哈米卡·巴卡担任迦太基军队的总司令。在此后的七年里，这位年轻的将领让西西里岛的罗马军吃尽了苦头。

哈米卡是出身迦太基名门巴卡家族的公子哥儿。世世代代担任将军职务的汉诺家族总是在迦太基出兵之际跟巴卡家族唱反调。这两个家族的对立，造成迦太基在决定重要方针时常自乱阵脚。

在迦太基的上层统治者中，有人强烈主张放弃西西里岛等地，转向在北非扩张势力。汉诺就是这种主张的代表人物。哈米卡则深信西西里岛才是迦太基的生命线，失去这个岛屿，就等于把地中海的霸权拱手让给罗马，势必在未来影响迦太基的经商活动，所以他当总司令时坚持夺回迦太基在西西里岛的据点。

当时迦太基在西西里岛的据点只剩下西岸的德雷帕纳和利利贝乌姆，这两个地方都曾经被罗马攻击和蹂躏过。哈米卡一到德雷帕纳，马上率军击破罗马军，把他们逼出潘诺穆斯，并在北方的俄库特山设下阵地，巧妙地运用游击战，果敢地攻击敌人。在他出击之前，罗马的势力几乎就要威胁到潘诺穆斯了。漫长的布匿战争使罗马学会了海战技巧，相对的，拙于陆战的迦太基也掌握了陆战技巧。

罗马在西西里岛开始出现败绩，而迦太基则不断地对部队进行整补，源源不断地向前线供应武器和物资。罗马若想反攻，就得加强舰队，阻断迦太基的补给路线，才能掌控地中海的制海权，使战况改观，但罗马元老院认为已经花了足够的费用和劳力在制造船舰上，到头来这些船舰竟都化为海底的碎藻，所以坚决反对再花冤枉钱打造船只。

然而，罗马不采取对策是不行的。既然元老院进退维谷，虚度时日，罗马市民们只好自力救济，自己出钱建造舰队。有钱的市民大力出资，罗马在很短的时间里就造出了两百艘船只，而且是能与迦太基抗衡的有五层桨座（五人共划一桨）的船只。

公元前241年，新编成的罗马舰队抱着必胜的决心航向西西里岛，目标是以前曾经打败过迦太基海军的德雷帕纳。罗马把一切下注到这一次决战上。

打了胜仗的迦太基正好松懈下来，没料到罗马舰队会突然袭击，埃加特斯群岛海战就决定了整个战争的胜负。根据波利比乌斯的记载，迦太基被击沉船舰五十艘，七十艘被罗马缴获，这样制海权又落到罗马手中了。

一旦海洋又被控制，迦太基就动弹不得了。即使哈米卡的战术再精湛，没有粮食和武器补给，只有举空拳的份儿了。迦太基最终放弃西西里岛，与罗马修好。双方条约的订定则由哈米卡全权处理。

哈米卡尽全力与罗马交涉。他担心的是迦太基被罗马统治，因此他打算只要能确保迦太基独立，他可以做任何让步。

哈米卡抱此打算与罗马舰队司令官卡图卢斯几次交涉，最终订下和约，其内容如下：

1. 迦太基放弃西西里岛，并撤出该岛。
2. 迦太基须免费将罗马俘虏送回罗马。
3. 迦太基须付给罗马赔偿金2200他连得（后来提高到3200他连得）。
4. 罗马遣送迦太基俘虏时，需要收取费用。

迦太基与罗马订下这些条约，得以确保主权独立、领土安全，武器也没被没收，哈米卡所率部队得以保全名誉，安全撤兵。

罗马虽然不满意条约内容，但为了和平，只好签了。迦太基虽然打了败仗，但是能有这样的收场，也算是不幸中的大幸。这也显示了哈米卡高明的谈判技巧吧！

持续了二十四年的布匿战争至此总算落幕，但是，历史经常是从战争结束后才开始的，因为我们要看战争如何改变这个世界，也要等它结束之后才能看得到。

收拾第一次布匿战争残局的是哈米卡，后来活跃在历史舞台上的主角是哈米卡的儿子汉尼拔。不久之后，罗马又与这个军事和政治才能都超过哈米卡的汉尼拔形成对决的局面，那就是第二次布匿战争。

我渡过那个决定罗马和迦太基命运的海峡，是在1987年3月中旬左右。我的目的地是意大利半岛南端的塔兰托城。在那里过了一个晚上，第二天一起床看到大雪纷飞，我感到惊讶不已。没想到我竟然会在春天的意大利南部遇到大雪。我简单用过早餐，穿上高筒鞋，披上御寒衣物，乘车赶往里吉姆，当年罗马就是从这里不断派兵到西西里岛的。里吉姆已无当年的踪迹可寻，它现在只是一个偏僻的小城市罢了。

到达里吉姆的旅馆后，我把行李一放下就来到海边。那儿有一艘航行于圣乔瓦尼镇和西西里岛之间的交通船，船正载着整列火车的乘客驶向墨西拿港。

我登上车站附近的小山丘，远眺命运之岛西西里。它是这么近，似乎游泳就可以到达。

我陷入沉思——当年罗马和迦太基为什么争战了那么久？要是为了争夺地中海的霸权也就罢了，可是罗马本来并没有渡过这个海峡的打算，迦太基也没打算要占领西西里岛，当然，更没有渡海侵略意大利半岛的意图。那么，双方在一百多年中，为什么会发生三次生死存亡的战争呢？

唯一能解释的，不就是因为这里有个岛，还有一个海峡吗？我低头看着墨西拿海峡湍急且冰冷的海流，心中一片茫然。伫立良久，我依稀听到像是要出港的交通船的汽笛声。

第七章

汉尼拔

ハンニバル

❖迦太基的冒险

发生在迦太基和罗马之间的三次战争，史称"布匿战争"。希腊人所谓的腓尼克斯（腓尼基）人，就是罗马人所称的布匿人。在希腊语里，腓尼克斯是"紫红色"的意思。希腊人为什么这样称呼腓尼基人呢？可能是因为腓尼基人有着紫红色——不！应该说黝黑的皮肤；也可能是因为腓尼基人发明了从贝类中提炼紫红色染料的技术。腓尼克斯的语源已不可考，但后者的可能性较大。所以，"布匿战争"也就是"腓尼基战争"。

腓尼基人从迦南地区迁徙到北非，在现在的突尼斯首都附近建立了新都市。这个都市叫作迦尔德·哈达斯特，罗马人称定居在这里的人为迦太基人，希腊人则称他们为迦尔克顿人。

一提到布匿战争，最有名的将领可能要属汉尼拔了。与罗马打了二十四年，最后吃了败仗的迦太基在战后迅速重建，再度与罗马对决。建立这项功绩的便是汉尼拔，因此在他指挥之下的"第二次布匿战争"又被称作"汉尼拔战争"。

汉尼拔为什么这么出名呢？他跟罗马交战十七年，最后罗马获胜，他应该是个败军之将呀！可是，也许是历史的审判偏袒他，使他留名两千多年——打了胜仗的罗马将军西庇阿就不像汉尼拔那么有名，可能最重要的原因是，他是少有的集战略家、战术家、政治家于一身的人，而且学识渊博，充满个人魅力。

汉尼拔之所以长留在人们的记忆里，主要是因为他完成了一般人无法想象的丰功伟业：他成功地带领几万人和象队，从西班牙出发，越过阿尔卑斯山，进军意大利。撇开征战的路途遥远不谈，途中有比利牛斯山，越过这条山脉到法国南部之后，还要面对水流湍急的罗纳河，河的对岸又有险峻的阿尔卑斯山。汉尼拔的军队克服了这一切困难，成功地达到了意大利。

汉尼拔的军队并不是经过无人的荒郊野外，他们还得应对各地居民发起的游击战。由西庇阿率领的罗马军曾做了万全的准备，登陆马赛，在那里袭击迦太基的军队。汉尼拔巧妙地甩开罗马军，并且对所经之地的居民采取镇压与怀柔双管齐下的策略，最终到达阿尔卑斯山，可是阿尔卑斯山那里仍然埋伏着许多与汉尼拔军对立的山地居民，后者不断地以游击战攻击汉尼拔的军队。

汉尼拔能一一克服这些困难，其手腕的确让现代人感到惊讶与佩服。

就拿大象来说吧！大象部队是否立了军功？他如何驯服这些大象的？这些大象又是从哪里聚集来的？所有这些问题都像谜一样，今天的我们不得而知。据说汉尼拔一行带了三十七头大象，还有一半被他留在西班牙，所以他可能赶了七八十头大象到迦太基在西班牙的据点新迦太基城（即今卡塔赫纳）。因为伊比利亚半岛不产大象，所以我们推测他是从非洲赶过来的。

第一次布匿战争的英雄哈米卡·巴卡平定了战后发生的一场叛乱之后——法国作家福楼拜曾将这场由外籍兵团引起的叛

乱作为题材写进自己的小说作品中，便带着九岁的长子汉尼拔到迦太基占领下的西班牙去了。虽然他带着大批的部队过去，但因为当时迦太基所有的军船都被罗马没收，而且迦太基还被禁止再建军船，因此，从迦太基到伊比利亚半岛这段路途，哈米卡只有取道陆路了。

哈米卡一行到非洲地中海沿岸后，乘着几艘运送食物及货物的小船，到达"赫拉克勒斯石柱"之后，再渡过西班牙西部的加地斯。

他们所带的大象可能就是在那时一起渡过直布罗陀海峡的，也可能是后来运过去的。当时他们是如何将几十只那么巨大的动物从非洲运到欧洲的，由于没有文件记载，我们对此不得而知。

仅是渡过罗纳河就够累人的了，何况是海峡呢？当时他们横渡直布罗陀海峡的时候一定吃尽了苦头。他们可能用小船，一次载两头大象渡海。当时可能出现过大象被波涛惊吓而发狂，结果把船弄翻，大象和人一起沉入海底成为碎藻的情形。

幸运的是，汉尼拔渡河的情形有详细的记载，我们可以借此重返历史现场。这个记录是由罗马历史学家李维和希腊历史学家波利比乌斯记载的。这段历史虽然众说纷纭——当时根本没有目击者——但大致的情况是这样的。

以下是波利比乌斯的记载：

他们先做几个牢固的竹筏，再用绳子将两个竹筏绑成一组，固定在岸边，宽有五英尺（就像做栈桥一样）；然后再将另一个竹筏往河心接过去，并用粗绳连接在岸上，以防流走。如此一直连接到两百英尺，形成一个竹筏码头之后，他们再在最前端绑上另一种小型的竹筏，以便由小船拖曳。

做好竹筏栈桥之后，他们再铺上大量的沙土，使大象以为还在陆地上。然后，驯象师先将两头母象赶到最前面，其他的大象跟在后面，游上栈桥。等全部的大象都上了竹筏后，他们马上将竹筏与栈桥分开，再由船只将竹筏拖到对岸。刚开始大象被赶到河面上，曾一度惊慌发狂，后来因为害怕而安静下来。其中有几只落水的大象将鼻子露出水面，自己渡河。有些落水的驯象师溺亡了，落水的大象却自力更生安全渡河了。(《通史》)

像这样辛辛苦苦地把大象赶上战场，到底有什么效果呢？在古代，像大象这样的庞大动物的确是压制敌人的"重型战车"，尤其是对没见过大象的人来说更具有震慑力。马如果遇上大象，可能也会犹豫不前，所以大象部队也有搅乱敌人骑兵队的作用。看到几百头大象扬起尘土、步步逼近，再勇敢的士兵也要落荒而逃了。

不过，大象在战场上也有负面作用。第一，大象不像马那么敏捷，它的动作非常迟钝。第二，大象个性敏感，生性怕火。如果敌人知道大象的这个特性，就能很快制服它。曾经有一份文献记载了击退大象部队的方法："将松脂涂在猪身上，点火使其冲向大象部队以攻之。"第三，大象需要大量的饲料。考虑到这一点，人们很难想象汉尼拔是如何带着大象远征，又是如何为大象准备大量的饲料的。再加上大象极易疲倦，强行军是不可能的，而且，还要聘请很多驯象师。据说要调教大象并不难，驯象师可能是印度人或各地来的掌握了调教大象技术的驯象师。不管怎样，人们没有办法将大象调教得像马一样灵敏，而且大象有时还会冲向己方部队，自乱阵脚。

在第一次布匿战争中，当迦太基的军队攻击被罗马抢走的城市潘诺穆斯时，就发生了使用大象部队结果自乱阵脚的事。根据波利比乌斯的记载，迦太基的部队用了一百四十头大象，大象部队走在队伍的最前方。由于大象部队的队长急于邀功，没弄清楚前方的状况就驱赶大象前进，没想到罗马军从城里投出石头，射出箭矢，受伤的大象惊慌发狂，转头奔向己方部队，迦太基的士兵被大象踩踏而遭受重大损失。结果有十头大象连同驯象师被罗马活捉，其余的大象也都被罗马俘获了。这就是大象在作战时扰乱阵脚，搞得一团糟的例子。

罗马军并没有将俘获的大象用在战场上，可能是因为他们不善于驯象，但主要原因是使用大象不仅麻烦而且花费巨大，用在战场上又不一定能起作用。

所以，罗马只将战利品大象放在马戏团，供市民观赏。有人这样总结大象的利用价值：

在古代奴隶社会里，大象是劣等的动物。由于它动作迟钝，所以几乎不适合做任何工作。它只适用于原始森林的劳动。对于森林已经开发完毕的罗马来说，大象除了待在统治者为了夸耀功绩而设的马戏团里，作为珍奇动物供市民观赏外，没有其他用处。

虽然如此,迦太基直到后来还是非常重视大象的作战能力,所以哈米卡才会把大象带到西班牙。他可能认为要威震伊比利亚半岛的各部族,最有效的方法是使用那些部族从没有见过的大象。他的儿子汉尼拔也承袭了这个做法,将大象用在战场上。迦太基会使用大象部队,还有一个原因是驯象这件事对迦太基人来说易如反掌,因为非洲象主要分布在阿特拉斯山区,捕象、驯象对当地的居民来说犹如家常便饭。

因此,大象对汉尼拔来说是不可分开的"同伴"。他之所以会带着大象远征意大利半岛,正是因为大象已经成为迦太基军队的象征。

❖ 模糊的协定

1987年3月中旬,我循着汉尼拔的足迹从迦太基来到港口城市直布罗陀,再从那里到西班牙的加地斯,然后再到地中海沿岸的港口城市新迦太基。汉尼拔的父亲哈米卡为了重建迦太基,期待有朝一日能复仇,先在西班牙的加地斯设下据点,再从此地攻向伊比利亚半岛。

加地斯从很早以前便是腓尼基人的经济基地。哈米卡高压、怀柔并用,花了九年的时间才将安达卢西亚(西班牙南部)一带纳入自己的势力范围,并且深得民心。遗憾的是,哈米卡在公元前228年意外死于战场。

奥古斯都(罗马第一代皇帝，恺撒的养子)时代的罗马历史学家李维曾说，要是哈米卡再多活几年，当时的迦太基可能在他的指挥下攻下了意大利半岛。所以，汉尼拔会远征意大利半岛，是继承了父亲的遗志。

继承哈米卡的位子的是他的女婿哈斯德鲁巴。他的作战能力不输给岳父。哈斯德鲁巴前后花了七年的时间，便在伊比利亚半岛拥有了稳固的地盘，将西班牙东南部全部纳入其势力范围之内，并在新迦太基城设立了新的据点。由于附近矿产资源丰富，海产又多，所以新迦太基很快成为迦太基重要的军事和经济中心。

不过，哈斯德鲁巴也没有完成哈米卡的遗愿。他也是死于意外——被部下暗杀。最后还是由哈米卡的亲生子汉尼拔上阵。汉尼拔被选为军队最高指挥官时只有二十六岁。

迦太基不断地在西班牙扩张地盘，发展势力，罗马当然不能坐视不管。

迦太基能在伊比利亚半岛扩张势力，并不是一朝一夕的事，而是哈米卡和哈斯德鲁巴十年苦心经营的成果，然而这个成果竟然在第二次布匿战争结束后，作为赔偿拱手送给罗马。

伊比利亚半岛的经济成长非常迅速，如果放任它自由发展，迦太基可能会成为比以前更强的经济大国，也可能成为威胁罗马的军事强国。不，迦太基不已经是这样的一个国家了吗？罗马对迦太基抱着疑虑和不安，也是可想而知的。

罗马先到西班牙东岸，与距新迦太基城不远的希腊城市萨贡图姆(即今萨贡托)缔结同盟，暗中观察迦太基的动向，然后再与哈斯德鲁巴交涉，订下被称作"不可侵犯条约"的协定。

我们很难界定他们订下的是协定还是条约，反正就是罗马与哈斯德鲁巴定了一个协议，规定迦太基不可越过埃布罗河扩展势力。埃布罗河穿过比利牛斯山西部，汇入地中海。

哈斯德鲁巴为了避免与罗马发生正面冲突才签下这项协定，罗马也因此无法干涉迦太基在埃布罗河以西，即在西班牙的活动。当时，罗马担心的不是迦太基的军事威胁，而是担心自己的经济利益受到侵犯。因为比利牛斯山东边还有一个希腊城市马赛，这个城市对罗马来说非常重要，因为这里是运送贵重矿物锡——制造青铜不可缺少的原料——到罗马的重要基地。

当时，锡的产地在布列塔尼，该地所产的锡从比斯开湾上岸，再经比利牛斯山北麓，沿加龙河南下，运到马赛。这条重要的路线，会因为迦太基进出此地而受到威胁。有位学者指出，当时罗马最关心的莫过于此事了。(加文·德·比尔爵士，《汉尼拔》)

然而，这个协定有很多含混不清的地方，其内容与一些相关资料所揭示的历史有很多不一致的地方。总之，有一点可以确定，那就是罗马要求迦太基不可越过埃布罗河，但是，这到底是指军事行动还是经济活动，则没有明确的记载。而且，这个"埃布罗河协定"是否包括不可侵犯罗纳河西边的罗马同盟城市萨贡图姆，也不清楚。

这些含混不清的地方，后来终于成为第二次布匿战争的导火线。

❖战争，还是和平？

汉尼拔继承哈斯德鲁巴的位子后，马上致力于平定西班牙的工作。虽然迦太基的势力已经根植于埃布罗河以西的地方，但是，伊比利亚半岛太大了，该岛的中部和北部仍然有不少部族与迦太基对抗。

虽然汉尼拔后来彻底击败了这些部族，使西班牙几乎全境纳入其控制之下，但是，罗马才是他真正的敌人。

他转战西班牙各地，就好像演习一样，另一方面也是为了锻炼迦太基的军事组织。根据李维的记载，哈米卡从迦太基出发到西班牙时，曾叫年少的汉尼拔发誓："罗马才是我们的仇敌，切不可忘！"

汉尼拔平定西班牙各地之后，马上准备攻击新迦太基城东边的敌人萨贡图姆，当时是公元前219年的春天。这个希腊人的城市与罗马有同盟关系，所以，汉尼拔这么做，等于是在向罗马挑战。

但是话说回来，"埃布罗河协定"只要求迦太基不可越过埃布罗河，因此汉尼拔并没有违反协定。说不定汉尼拔以为罗马承认埃布罗河以西是迦太基的势力范围呢！协定中没有把这些事情说清楚，最终引起了纷争。

李维说，汉尼拔包围了萨贡图姆八个月，最后攻破该城。汉尼拔一度拔营回到新迦太基城，在那里过冬。

罗马当然不能坐视同盟城市受攻击而不管，便派费边为首的代表团前去提出严重抗议，并要求迦太基交出汉尼拔。迦太基拒绝，于是罗马便发出最后通牒："我们所求的，不是战争，就是和平，两样而已。随你们选择。"

迦太基也用同样的语气回答："我们也随你们选择。"

罗马的代表非常气愤地说："好！我们选择战争。"

迦太基回答说："随时候战。"

第二次布匿战争就这样开始了，时间是公元前218年。

❖从埃布罗河到比利牛斯山

在双方谈判期间，汉尼拔已在迦太基备战。一旦开战，迦太基必须比以前更加强对北非一带以及西班牙的保护。汉尼拔为此谨慎地调配军队，将西班牙的防卫交给他的二弟哈斯德鲁巴。如此无后顾之忧，他才率领主要军队出发到新迦太基城，开始由陆路进攻意大利。根据波利比乌斯的记载，迦太基的出征队伍包括九万步兵、一万两千名骑兵，当然，还有著名的大象部队。

恺撒渡过卢比孔河（位于意大利东北部）而改写了罗马历史。同样的，渡过埃布罗河的汉尼拔可以说操纵了世界史。他越过罗马军事界线埃布罗河，到达比利牛斯山山麓。在这个流域，他很快就遇到了原住民的抵抗，损失了不少兵力。但是，汉尼拔急着赶路，因为他必须在下雪之前越过阿尔卑斯山。这是争夺时间的关键时刻，有所伤亡也无暇顾及，所以他便强行突破这一关。

他在比利牛斯山山麓挑选精锐留下，即一万名步兵、九千名骑兵，还有由三十七头大象组成的大象部队，其余的则返回西班牙。他率领军队越过比利牛斯山南端，于公元前218年7月底到达阿维尼翁（位于法国东南部罗纳河河畔）。

然而，当时罗马将军大西庇阿所安排的山外高卢（现在的法国、比利时、意大利北部等地区在古罗马时代的总称，此地区住着属于凯尔特族的高卢人）部队早已在对岸等待。敌人在前，强行渡河等于羊入虎口，于是，汉尼拔另外派一组机动部队从罗纳河上游渡河，并命令这支部队从背后攻击对岸的高卢部队。汉尼拔利用这段时间全力调配渡河用的船只和竹筏，以运载数量庞大的兵员。

第五天，狼烟在对岸升起，表示机动部队已经击溃高卢部队。汉尼拔便立刻渡河。

应该说汉尼拔还算走运，因为当时由大西庇阿率领的罗马部队还驻扎在马赛。高卢部队的使者赶来马赛向大西庇阿报告后，大西庇阿急忙率部赶往汉尼拔渡河的地点。四天后大西庇阿到达罗纳河河畔，但为时已晚，汉尼拔早已渡过罗纳河，进军到阿尔卑斯山了，只剩下风吹拂着罗纳河河面。

我那年来到罗纳河河畔时，风依然吹拂着河面，而且是初春刺骨的北风。

我伫立在西班牙东南部的港口城市卡塔赫纳的小山丘上，站在山腰的哈斯德鲁巴铜像前，回想两千多年前的历史。在汉尼拔之前，哈斯德鲁巴指挥西班牙的迦太基军队作战，并且把新迦太基城当作据点。由于哈斯德鲁巴是卡塔赫纳的创建者，所以在弗朗西斯科·佛朗哥时代，西班牙人在此修建了他的铜像。面对港口的这个山丘不是叫"迦太基之丘"，而是叫"罗马之丘"。"哈斯德鲁巴之丘"在这个山丘的北侧，显得非常小。

两千多年的岁月好像被突然缩短了一般，我似乎听到汉尼拔的军队发出像远处打雷的声音，出发离去。不跟着去不行——我赶紧搭车，沿着汉尼拔的军队走过的路线，越过比利牛斯山南部，到达罗纳河河畔。

我不知道汉尼拔是在哪里渡河的。我在前面提过的学者加文仔细考证过，推断可能是在阿尔附近。我站在罗纳河岸边，横看有名的阿维尼翁大桥。罗纳河宽约一公里，水流湍急，水冷得似乎要冻住了——因为还是3月中旬。

沉思及此，我意识到不赶路不行，即使无法走跟汉尼拔完全一样的路线，至少要到阿尔卑斯山去一趟。

我沿着罗纳河，经A7号道路往北走，在小镇瓦伦斯休息之后，向东经532号道路，到达滑雪的"麦加"（意指圣地）格勒诺布尔。

终于快到山顶白雪皑皑的阿尔卑斯山了。最后，在傍晚时分，我总算赶到阿尔卑斯山山脚。

❖越过阿尔卑斯山

接下来就是越过阿尔卑斯山了。汉尼拔翻越这座峻险的山脉，到底是走哪条路线呢？关于这一点，众说纷纭，直到现在我们仍然无法知道汉尼拔翻越阿尔卑斯山的明确路线。一个较为有力的说法是，汉尼拔沿着罗纳河的支流伊泽尔河河谷前进，越过塞尼斯山山顶，下山到达都灵。遗憾的是，此时塞尼斯山山顶已被厚厚的白雪给盖住了。

不管他走哪一条路线，大象能通过这样的山路吗？对着阿尔卑斯山，我再次陷入沉思：只有实际赶着大象越过这条山脉，才能找到答案，即使到不了塞尼斯山山顶，只要把大象带到阿尔卑斯山，大致上就能推测出来大象能否越过这条山脉。于是，东京广播公司决定做个实验。

但是，从哪里找来大象呢？经我到处交涉，法国的格留斯马戏团答应帮忙。"作战"经过是从巴黎运两头大象到格勒诺布尔，再从那儿运到阿尔卑斯山中的小村子圣·提雷。

格留斯马戏团的团长从十二岁起开始学驯象，是个驯象老手。他笑着说，在马戏团里，他最喜欢的动物是大象。

他从巴黎带来的两头大象，一头四十岁，一头十七岁。虽然用的是现代文明利器大拖车，但他运送两头大象仍然费了很大的工夫。平常开车到格勒诺布尔只需要七个小时，这次花了十三个小时。他说格勒诺布尔到圣·提雷村有十二公里，所以又花了两个小时。

我忍不住问他："哦！只能开到时速六公里吗？"

也难怪如此，因为那头大象队长有十五吨重，年轻的大象有四吨重呢！

他喘了几口粗气说:"我可是第一次赶大象到这样的山里来呀!"

光是把大象带到这里就这么费劲了,赶着三十七头大象从这里再到塞尼斯山山顶,并且下到都灵,是否真能办到?而且当时山里还不时有敌人攻击。那时也下着雪,山顶附近也会覆盖着白雪吧!

我向马戏团团长问了一个最想问的问题:"你认为汉尼拔的行军有可能吗?"

马戏团团长抬头看着山峰,将手臂抱在胸前想了一会儿,最后回答道:"我想有可能。只要领头的大象队长足够结实强壮,人将大象组成行列,让大象爬山、下山不是不可能。只是必须要印度象才行,非洲象可能就不行。它们笨拙迟钝,很难训练。"

可是，汉尼拔的大象部队全都是非洲象。

两头印度象在圣·提雷村落满雪的拖车里过了一夜，终于要被人带到外面了。为了赶它们下车，三个饲养员不断吆喝，花了近一个小时。年轻的大象看到雪很激动，任凭团长怎么抚慰就是不听命令，最后开始发狂。团长没办法，只好把它赶回拖车，只赶着四十岁的大象队长慢慢向前走。大象队长名字叫作"多非"，它先观察了一下四周，然后慢吞吞地走上积雪的山路。为了不让它感冒，团长给它全身涂满了鱼油。

"上去坐坐看！"团长把我推到大象的背上。坐在上面，我可以看到远方银白色的阿尔卑斯山山峰矗立在阴天下。

"非洲象就不可能！"团长这么说过。轻轻松松就上了大象背部的我却在想，汉尼拔赶着象队越过阿尔卑斯山并非不可能。

第八章

命运的十字路口

運命の岐路

❖控制意大利北部

第二次布匿战争足足打了十七年，跟打了二十四年的第一次布匿战争比起来算短的，但是汉尼拔一个人独力支撑这么长时间，可以说他是一个超人。

能在名震意大利半岛的罗马军中纵横无敌十五年，令罗马元老们头痛不已的迦太基将军汉尼拔，到底是个什么样的人物呢？

他一定是一位少有的战术家和战略家，但仅靠头脑还不够，他的军队是由不同民族混合而成的佣兵队伍，他是如何统率这个军团的啊！如果他不是兼具威严感和信赖感，如果他没有聚集这些士兵的行动力和人品，显然他是无法统率这个复杂的军团的。关于汉尼拔的形象，罗马历史学家李维这样记述：

遇到危险的时候，他经常表现出非凡的勇气以及超人的判断力。任何困难都不会使他体力受损或精神受挫。不管是酷热或严寒的天气，他都泰然处之，吃喝也求果腹而已，并不贪求享受。睡觉起床，亦不分昼夜，只要事情办完就睡；睡觉时也不睡柔软的床垫，或求安静的地方；他和一般的士兵一样，裹着外套，和卫兵或步哨一样，倒地就睡。他身上穿的衣服也与一般的士兵一样，只有他的武器及马匹和一般士兵拥有的相比稍有不同而已。

在骑兵部队和步兵部队里，毫无疑问他是首屈一指的。

战斗一开始，他就冲上去打前锋；战斗结束后离开战场时，他总是走在最后面……

但是，李维继续写道："汉尼拔的恶行和他的美德一样多。他残忍、没有人性，布匿人特有的背信行为他都有：出卖别人，罔顾真实的事物；不承认神圣之事，不怕神，不重视誓言，毫无宗教信仰。……"

这些评语看似前后矛盾，但在罗马人看来，汉尼拔就是这样一个矛盾的人。迦太基人的价值观当然与罗马人的不同。怎样叫残酷？什么行为才叫背信？是否承认所有神圣的事物？不同的民族当然标准也不同。所以，后一段的评语也不能说完全客观。

我无意抬高汉尼拔，只是从他最后几年实行的迦太基复兴政策来看，他不应该是李维所批评的那种人。如果汉尼拔是那种人，他怎么可能在意大利半岛坐镇当总指挥官达十五年之久呢？如果他是那种人，应该早就被部下杀掉了。所以，汉尼拔的人品，不是应该从他的实际功绩上来判断吗？

汉尼拔花了十五天时间越过积雪的阿尔卑斯山，离他从西班牙的新迦太基城出发的那一天整整过去了五个月。进攻意大利的时候，他身边还剩多少兵力，在一百年后李维所处的时代，人们对这一问题仍然众说纷纭。最多的推断是十万步兵和两万骑兵，最少的推断是两万步兵和六千骑兵。

那些大象后来怎么样了呢？有人说几乎所有的大象都

死在了阿尔卑斯山，也有人说有二十头大象安全越过阿尔卑斯山，也有人说三十七头大象全部成功越过阿尔卑斯山。具体真相，我们不得而知，但不管如何，汉尼拔用大象来示威，主要是对付山地居民的游击战，只要突破这一关，大象就算充分发挥它们的作用了。

按照常理，汉尼拔到达目的地意大利之后，应该立即与罗马展开决战，但是，他并没有急于这么做，他的首要目标是将罗马属下的各个都市纳入自己的旗下，以确保后方补给，然后再出奇制胜，扰乱敌人的阵脚，使敌人的心理产生动摇。

要这么做，就必须取得正确的情报。汉尼拔远征意大利之前，就已经派遣间谍到意大利，探听哪些地区的哪些部族对罗马或迦太基抱着什么样的态度。所以，他非常了解这些情形。长途行军一定要有充分的情报，因为行军队伍不知道什么时候会遭到敌人的攻击。要是能熟悉前方当地人的情形，行军队伍反而能从当地人那里获得重要的情报或帮助。

可以说，汉尼拔的远征是靠这些事前的准备工作才得以成功的。在阿尔卑斯山里，他也得到了很多人的帮助（包括带路）。

在意大利半岛作战时，汉尼拔花了很多力气在梳理"地缘"上，所以面对号称最强大的罗马军团时，他才能击退他们，在几次战斗中都打了胜仗。在长达十五年的意大利战争中，共有四次大会战，每次都是汉尼拔获胜。

最初的会战是在波河的支流提西努斯河河边展开的。得知汉尼拔越过阿尔卑斯山、入侵意大利的大西庇阿从马赛回去后，主张马上迎击从阿尔卑斯山南下的迦太基军队，并提议在皮亚琴察布阵，从那里出击。

罗马援军未到，在兵力上显然处于劣势。攻下陶里尼人的城市都灵之后，汉尼拔的军队士气大振，佣兵们运用他们拿手的"努米底亚"战术击败了罗马军，大西庇阿差点儿丧命。罗马军在第一次交手中便彻底地领教了汉尼拔的威力，这令他们非常头痛。

罗马军退到波河南岸，过河后把桥给拆了，准备决战。第二次两军隔着波河的另一条支流特雷比亚河展开会战。此时，罗马援军陆续到达，两军兵力相等。汉尼拔眼看不能再等待下去，便巧妙地挑拨罗马军队，让他们急着展开决战。

这一次，罗马的总指挥塞姆普罗尼乌斯·朗戈斯从意大利半岛赶来接替大西庇阿，但他完全中了汉尼拔的计。塞姆普罗尼乌斯率领军队渡过特雷比亚河，罗马军掉进作战经验丰富的汉尼拔军设置的陷阱里，阵脚大乱。结果罗马又一次败得溃不成军，最后只剩下不到四分之一的士兵渡过特雷比亚河，结局非常悲惨。就这样，汉尼拔在几次战役中大胜，成功地镇压控制了意大利北部。

❖ 始终如一的作战纲领

亚平宁山由北向南，把意大利分成东西两部分。已经收服意大利北部的汉尼拔，接下来的目标是越过亚平宁山，直捣罗马首都。

罗马无论如何都必须阻止这件事。于是，罗马派了两位司令官，一个在亚平宁山东侧镇守亚得里亚海沿岸的阿里米努（即今里米尼），一个在亚平宁山西侧镇守阿雷提乌姆（即今阿雷佐），于两地迎击迦太基的军队。

汉尼拔得知情报后，把军队调往阿雷提乌姆西部。镇守在阿雷提乌姆的将军盖乌斯·弗拉米尼乌斯率三万士兵开始追击，刚好中了汉尼拔的请君入瓮之计。罗马军一进入特拉西梅诺湖北岸的狭谷——实际上是汉尼拔把他们引诱过来的——守在山崖上的迦太基军队马上对罗马军予以痛击。罗马军在纵谷里进退两难，无处可逃，最后溃不成军。罗马士兵战死一万五千人，剩下的士兵几乎沦为俘虏，所以罗马军损失惨重；汉尼拔只损失了一千五百名士兵。罗马再次尝到惨败的滋味，盖乌斯战死沙场。

之后，还有第三次会战。在这三次会战中，罗马军几乎每次都全军覆没，所以罗马开始不安起来，而此时，迦太基的军队再次逼进罗马。

眼见情势紧张，罗马立刻选派费边·马克西穆斯为独裁官，并指派米努基乌斯·卢福斯为副官。费边重整防线，加厚城墙，并且调派海军，以防万一。

如果汉尼拔当时顺势直接进击罗马的话，他也许会改写历史。即使不能攻陷罗马，在战争中占上风的迦太基应该可以提出有利的条件，进行和平工作，汉尼拔也就可以意气昂扬地凯旋。

然而，汉尼拔做事谨慎。如果太着急，弄不好受罗马影响的意大利同盟城市会拉他的后腿。所以，他认为当时最重要的事情是先离间这些同盟城市，再加以拉拢，除去后顾之忧后，再对罗马发动总攻击。这就是汉尼拔始终如一的作战纲领。

于是，他假装要攻击罗马，半途转向亚得里亚海。对他来说，这是他命运中的第一个十字路口。

他自有他的打算。第一，先出亚得里亚海，从那里可以与母国迦太基取得联系。第二，虽然连战皆捷，但也要让疲惫不堪的士兵休息，而且可以利用这段时间重整军队，训练作战，为下一次战斗做准备。第三，拉拢意大利的同盟城市。

汉尼拔把先后俘虏来的士兵，除罗马兵之外，全部释放。在释放意大利的同盟城市的俘虏时，汉尼拔告诉俘虏，他到意大利来作战，并非与诸位为敌，而是冲着罗马来的："各位不都是受罗马统治吗？我们为了把你们从罗马的牢笼里拯救出来，才来到这里与你们的敌人作战。"

汉尼拔的政治工作做得很巧妙，但没有收到预期的效果。这些同盟城市知道，如果脱离罗马的统治，它们最终会成为迦太基的附属城市。这些同盟城市的市民们目睹了汉尼拔军队是如何进行粮食调配的。不！应该说是如何掠夺、抢劫粮食的。最后他们并没有被汉尼拔所说服。

❖罗马完败

公元前216年,汉尼拔再次发兵,目标是坎帕尼亚地区的中心城市卡普亚(在今那不勒斯北部)。如果能够拉拢这个曾与迦太基做过不少生意的卡普亚,坎帕尼亚的谷仓就归迦太基所有了,而且此时卡普亚的首长不正想脱离罗马的控制吗?

然而,这个意大利同盟城市中最强大的卡普亚并不像想象中那么容易动摇。汉尼拔不得已放弃卡普亚,率领军队向亚得里亚海沿岸的普利亚移动。他的最终目标虽然是罗马,但是在那之前,他必须压制,不,应该说让意大利南部各地支持他。如果能把意大利半岛"脚跟"到"脚尖"的地区纳入自己的势力范围,不但可以阻断罗马进出西西里岛的门路,并且便于他与母国迦太基取得联系。这才是汉尼拔的远大计划。

罗马在这段时间里也不是毫无作为。被选为独裁官、负责总指挥的费边一直在注意汉尼拔的动向,他并没有放松对汉尼拔的牵制,但也并不急于和他决战,因为他早已洞悉汉尼拔的企图。如果轻率与汉尼拔对决,搞不好会损失惨重,倒不如运用长期战术,把迦太基拖到补给不继,迦太基就会自行灭亡。为了这个目的,罗马即使作焦土之战也在所不惜。这是费边的战略。

然而,罗马市民把这种深谋远虑看作是懦弱无能,尤其是只有副官地位的米努基乌斯早已迫不及待,他开始向罗马市民要求指挥权。平民议会通过决议,允许米努基乌斯担任独裁官,这样罗马军在费边和米努基乌斯的指挥下一分为二。

这对汉尼拔来说又是一个有利的情势。急功近利的米努基乌斯向汉尼拔正面挑战,结果罗马军再次溃不成军。根据李维的记载,如果费边的军队没有及时赶到的话,米努基乌斯的军队可能会全军覆没。

一直监视汉尼拔由卡普亚转向亚得里亚海的费边,率兵来到卡利库拉山山顶,试图阻断汉尼拔的退路。接获报告的汉尼拔聚集此前所俘获的两千头牛,在牛角上涂上松脂,再赶到高处,等入夜后点燃松脂。惊慌的牛群四散狂奔,罗马军狼狈不堪,汉尼拔则悠然离去,此次战役再次痛击罗马军。

卡利库拉山山顶的火牛战术让我想到一千三百九十九年后的寿永二年五月(1183年6月),一位日本人也采用了同样的战术,地点在越中和加贺的国境砺波山。

平清盛为了阻止木曾义仲攻陷都城,率领十万士兵前往北陆地区,两军在砺波山的俱利伽罗隘口决战。义仲兵力略逊一筹,便运用战略,夜晚在牛的角上点燃松脂,并将牛群赶向平氏军营。受到惊吓的平氏军慌乱逃走,不慎跌进深渊,结果平氏军全军覆没。《源平盛衰记》对这次战役有详细记载。

汉尼拔在卡利库拉山山顶使用的火牛阵,和木曾义仲的俱利伽罗隘口夜袭,两者颇为相似,令人备感奇妙。

❖战士是祖国的荣光

费边的拖延战术，最后导致两军进入最具决定性的决战。这段时间里，罗马不断地重整军备，改善军容，马上就要转守为攻。汉尼拔为了确保兵粮供应充足，能自由进出坎尼（今亚得里亚海沿岸、巴列塔附近），便占领了罗马的物资贮藏地卡诺萨平原，如此一来，导致了双方更大的冲突。

罗马负责指挥的，是由元老院选出的鲁西乌斯·埃米利乌斯·保卢斯将军和由平民议会推选的盖约·特伦提乌斯·瓦罗执政官。两位司令官领兵八万，汉尼拔领兵五万，从兵员总数上来看，汉尼拔军明显处于劣势。

我从意大利半岛的"脚跟"，不，应该说是"阿喀琉斯之踵"（踵是小腿肌腱连接脚筋的部位，据说是希腊第一英雄阿喀琉斯的致命弱点），靠近亚得里亚海的港口城市巴里，出发到坎尼。高速公路穿过坎尼遗迹附近，通往那不勒斯。我们把车一开下高速公路，便看到到处都是橄榄田和葡萄园，还有少许的松林和杏仁树。

那天，初春刺骨的寒风呼呼地吹着，非常寒冷。我几乎要被风吹走了，两只手抓着帽子，顶着寒气，站在能俯瞰坎尼古战场的小山丘上。答应做我的向导的地方史学家比特罗·德隆佐为我解说两千多年前的那场战争。

在我们眼前蜿蜒流过的河流叫奥凡托河。比特罗说："罗马军与迦太基军，隔着这条奥凡托河对峙。从前这条河叫作奥非都斯河，当时河流过更北的地区，所以战场应该比我们现在看到的范围还广吧！一般认为在这里作战的迦太基军有四万到五万人，罗马军有七万到八万人。"

汉尼拔用钳形阵式，把步兵放在前线中央，诱敌攻来。敌人攻入这一阵地之后，己方骑兵从两侧围攻歼灭敌人，这是他拿手的战术。过去罗马多次被这种战术困住，惨遭败北。没想到这次坎尼之役，罗马竟然又重蹈覆辙，掉入对方设的陷阱里。

两军阵形可以说都是一样的，步兵在中央，骑兵在两翼。罗马传统上把主力放在中央的步兵团里，组成强大的阵容，而汉尼拔则把重点放在两翼的骑兵上。双方的步兵是五万对八万，迦太基的比罗马的少很多，但是双方的骑兵是一万对六千，迦太基占优势，而且这些骑兵都是努米底亚的精锐部队。

罗马仗着人多势众，准备靠步兵团取胜，谁要是遇上其主力军，一定无法战胜。汉尼拔于是让自己人数处于劣势的军队排成新月形，阵形中央突出，在前方等待罗马主力部队以此为目标攻打过来。当罗马的主力部队试着突破迦太基的中央部队时，迦太基两翼的勇猛骑兵乘机夹上来，击散对方的骑兵，包围对方的主力部队。

在骑兵方面，罗马终究不是迦太基的对手。在这次意大利半岛最大会战的坎尼之役中，罗马又遭到重击，溃不成军。汉尼拔以五万兵力歼灭八万部队的战术，是一场能在战争史上留下特别纪录的大胜利。听说罗马战死人数将近七万（李维），司令官保卢斯也丢掉了性命，可见迦太基取得的胜利是压倒性呀！

"战死七万人，罗马可是彻彻底底地被粉碎了。"我对比特罗说。

"没有人知道确切的数字，也有人说是五万，但无论如何，对罗马来说，这是一场大败仗。"他将手臂抱在胸前，回答道。

"即使五万也是个大数目。这么说来，这附近应该有很多人的遗骨出土吧！"

"说来也很奇怪，直到今天，意大利人连一具人的遗骨都没挖到。也许迦太基人为了避免污染农耕地，把死者烧掉再埋到别的地方去了。这个坟场直到现在都还没被发现呢！"

在我们伫立的山丘上立有一座石碑，看起来好像此地埋葬着死去的士兵。石碑上用希腊文刻着古代历史学家波利比乌斯的一句话：战士是祖国的荣光。

比特罗站在风中，好像在自言自语似的说道："在汉尼拔战争之后，这里还发生过十次战役。第二次世界大战的时候，美军和希特勒的德军也在这里交战过。人类真是不知悔改的动物啊！"

坎尼之役迦太基大胜，当时罗马的国势犹如风中残烛。他们的主力部队已从这个世界上消失，未来谁来保护罗马呢？但是，罗马最终还是经受住了这项考验。

说到考验，汉尼拔开始也要接受困苦的考验了。自从西班牙的新迦太基城出兵以来，已经过去了两年，虽然四次大战迦太基全胜，但远征军不管走到哪里，总是危机四伏。汉尼拔战绩卓著，同时也孤立无援。别说从母国迦太基得到军队的救援，西班牙也没有救兵；兵员有减无增，粮食调配也不太顺利；迦太基对意大利同盟城市所做的政治工作，也迟迟不能奏效。汉尼拔不顾这一切，在坎尼之役之后，一脚钉在意大利半岛达十三年之久，这一期间他就在意大利各地转战不休。

坎尼大会战落幕之前的公元前216年8月2日夜晚，汉尼拔麾下的指挥官们主张应立刻进攻罗马。乘胜追击确实是一个有效的战术，罗马的灯火已经快熄灭了，不赶快把它吹掉，难道还要去做别的事吗？如果汉尼拔当时采纳他们的意见，马上攻击罗马的话，也许罗马就灭亡了。

可是，命运之神向罗马露出了微笑，因为汉尼拔拒绝采纳指挥官们的意见。他这么做当然有他的理由，因为如果攻击罗马，罗马必定誓死抵抗，而且迦太基人只能采取包围战术，而这会造成持久战。汉尼拔害怕这样一来，站在罗马那边的意大利同盟城市就会从背后攻击迦太基的军队，腹背受敌的迦太基军队一定会被打败的。

与其说是考虑战术，倒不如说是因为迦太基人特有的想法阻止了汉尼拔进攻罗马。原本为海民的迦太基人根本不关心领土的事，城市对他们来说只是一个经济活动的据点罢了。征服这些城市，占领它们、统治它们，未免太费事，再也没有比这更令人心烦的了。

换句话说，迦太基人的目的是追求财富，城市若能发挥这样的作用，也就够了。所以，迦太基人认为，到处去占领城市，耗费精力去统治它们，简直毫无意义。在汉尼拔发动战争之前，迦太基人在西西里岛与对手进行争斗的时候，也是如此。迦太基人只把西西里岛当作经济基地，从来没有想过要占领岛上各地的城市。汉尼拔虽然有意拉拢意大利半岛的一些城市，但绝对没有想占领和统治它们的意思。这也反映出迦太基人特有的态度。汉尼拔有足够的能力攻下这些城市，然后统治它们，并在意大利半岛扩张势力，但他没有这样做。对汉尼拔来说，意大利的城市有必要拉拢，没有必要去统治。

基于这个想法，汉尼拔原本就没有把攻陷罗马当作最终的目的。他唯一的目的，是让罗马知道迦太基的威力，再以对迦太基有利的条件缔结和平条约，这就足够了。坎尼大会战结束后，汉尼拔将除了罗马兵之外的其他意大利城市的俘虏无条件释放，可以说体现了他的这种想法。

❖ 是一举冲过去，还是慎重行事

汉尼拔的目标不在罗马，他转向了坎帕尼亚的卡普亚，为的是拉拢这个城市，最终与其结成同盟。财富与士兵几乎与罗马的齐平的卡普亚一站到迦太基这边，马上影响到其周边的小都市。

不过，大部分的意大利同盟城市没有改变立场。罗马根本没有讲和的意思。汉尼拔在坎尼之役中取得的唯一战果，就是在结为同盟的卡普亚设立了据点。意大利南部的大部分城市，都还是选择站在罗马这边。

是乘胜追击一举进攻罗马，还是慎重部署，等收服意大利南部之后再作打算？这是横在汉尼拔面前的两种选择，他现在站在命运的十字路口，必须做出选择。汉尼拔选择了后者。

那年冬天，汉尼拔的军队就像罗马同盟者的解放者一样大受欢迎，他们在卡普亚作战的疲累一扫而光。也有人说卡普亚富裕的生活使迦太基的军队士气大减，汉尼拔也沉迷于城市愉快的生活。

本来迦太基的目的就不是战争，而是经济，即进行商业活动以追求财富。所以，汉尼拔以此为据点后，与母国迦太基取得联系，商量如何恢复迦太基的贸易网。为了达到这个目的，他们一定在政治、外交及军事上都秘密地活动着。

汉尼拔的着眼点不在于苟延残喘的罗马，而在于迦太基的重要基地西班牙、西西里岛、撒丁岛以及意大利全境。

在我俯瞰坎尼古战场的小山丘上，有据说是公元10世纪由诺曼人修建的城堡，还有传说是7世纪盖的教堂的遗迹。坎尼城好像持续存在到11世纪末，太多的战争在此地进行，使得当地人厌弃这里。听说他们在1083年放弃这座城市，迁到了巴列塔。

李维这样记载："可能没有其他的人类能像这里的人一样，生存在这片被蹂躏的土地上。"

顶着三月刺骨的寒气，我与地方史学家比特罗并肩望着午后像探照灯一般的阳光时而从云间泄出光芒，照在这一片古战场上。

第九章

战败

敗戦

阿尔及利亚悠闲的气氛是意大利派的。阿兰严肃的光辉，总有西班牙的风味。盖在古迈勒河峡谷崖壁上的君士坦丁，令人想起托勒多（位于西班牙首都马德里南部，靠近太加斯河，是建在崖壁上的城市，有个圣堂存放着西班牙最伟大的画家之一画家葛雷柯的作品）。

——阿尔贝·加缪，《过去不曾存在的城市小档案》

❖努米底亚的古都

北非的城市，尤其是阿尔及利亚的城市，之所以强烈地吸引我，最主要的原因是法国作家加缪对这些地方的描写。几次把我拉向撒哈拉的，也是这位作家像诗一样的文章。加缪出生于阿尔及利亚，在那儿长大，他一生的梦想就是建立"地中海共和国"。

阿尔及利亚的代表城市有三个，第一个是首都阿尔及尔，第二个是商业城市阿兰，第三个是位于突尼斯边界附近泰贝萨山中的君士坦丁。

第一次来到君士坦丁时，我不禁发问：世界上哪有这种城市？世界上当然有各色各样的城市，但君士坦丁比起我所见过的城市都来得奇妙，其外表就能令人丧胆。阿尔及尔和阿兰都是濒临地中海的美丽城市，而君士坦丁却深处距离地中海九十公里的内陆，位于险峻的山里。说是险峻，其实最高处也不过海拔六百米。古迈勒河切割岩壁造成峡谷，人们沿着山谷两侧建造了这座城市。城市的街道连接在悬崖峭壁上,我从街道上往下看,不禁两眼发晕。

说到断崖城市,西班牙安达卢西亚的隆达也以面临溪谷的景观而闻名,但是到底比不上君士坦丁。

加缪拿来做比喻的托勒多城,从城中俯瞰河谷的风景,也曾令葛雷柯(西班牙画家,作品有《托勒多的风景》)绘画的心灵为之激情澎湃,但不及君士坦丁来得壮观。我为这个城市着迷,前后共造访了三次。

加缪继续写着:

西班牙及意大利充满了回忆、艺术作品以及古代遗迹。在托勒多,有葛雷柯和巴雷斯(法国小说家、政治家,曾游历西班牙、意大利等地而写下优秀的文学作品)。我要述说的城市,是过去不曾存在的城市,所以是不容易亲近,也没有感伤情怀的城市。在令人倦怠的时刻,也就是午睡的时刻里,在这里悲伤是遍寻不见的,也没有寂寞的情绪。在早上的阳光里,在夜晚豪华的气氛下,我们只看到喜悦。这些城市不能提供思考的材料,只给人们无限的热情……

实际上,果真如此吗?关于君士坦丁,我赞同他说的"悲伤是遍寻不见的","只看到喜悦",但是关于它是"过去不曾存在的城市"这一说法,我不太赞同。

这个城市在迦太基建国之前就已经存在了。君士坦丁的城名,是由重建这个古都的罗马皇帝君士坦丁一世之名而来的,但是这并不表示在那之前它就不存在。

在罗马控制它之前，这里叫作西尔达，是努米底亚王国的首都。

希腊人或罗马人将努米底亚称为诺马得斯。英文"Nomad"（游牧民族）的语源就来源于此。他们的确以游牧为主，但是他们也从事果树栽培等农业，曾在北非一带拥有强大的势力。

努米底亚的势力范围延伸到迦太基西边的什么地方，并不是很明确。也许本来就没有明显的国界。一般的说法认为，一直到赫拉克勒斯石柱——也就是直布罗陀附近，都是努米底亚人的生活圈。虽然他们的生活圈在迦太基以西的地区，但是迦太基以东的地区才是努米底亚人的主要舞台。住在迦太基以东地区的努米底亚人被希腊人或罗马人称为"利比亚人"或"阿非利加人"，住在西部地区的则被称为"毛里塔尼亚人"，其实两者拥有共同的语言和文化。

北非到后来被拜占庭帝国所统治，并被基督教化，而到了7世纪，又有伊斯兰教势力入侵，就这样，这里的文化色彩一直都在改变，令人眼花缭乱，但是直到现在，传统的努米底亚人仍然根植在阿特拉斯山区（北非东北角的山脉），被称为"柏柏尔人"，他们或许可以作为此事的证人。

不管怎么说，首先对这个地方具有影响力的是迦太基，其次是罗马，尤其是汉尼拔战争时期的罗马和迦太基更是想把努米底亚地区列入自己的势力范围。换句话说，拉拢努米底亚，决定了第二次布匿战争的动向。

如果是这样的话，努米底亚王国的首都君士坦丁，不但不是"过去不曾存在的城市"，反而应该说是一个背负着历史沉重包袱，决定罗马和迦太基命运的"令人印象深刻的古都"。

❖汉尼拔对大西庇阿

人们并不清楚努米底亚地区到底分布在什么范围，但是，大致可以肯定的是在现在的阿尔及利亚、阿特拉斯山区以北的地区。

努米底亚又分为东西两部，东部由马西尼萨、西部由西法克斯两位国王分别统治。这两位国王原先受迦太基控制，到了第二次布匿战争末期，罗马入侵这里，努米底亚是亲附迦太基还是倒向罗马事关重大，整个战局都受此国左右。

从西班牙的新迦太基城出发的汉尼拔军，翻越比利牛斯山，渡过罗纳河，踏破阿尔卑斯山，入侵意大利半岛，第二次布匿战争从此开始。在这次战争中，汉尼拔不管到哪里，都采取快速进击的战术，最令罗马头痛的就是努米底亚的骑兵队，连号称无敌手的罗马步兵团都被努米底亚骑兵搅得阵脚大乱，四处逃窜。

努米底亚人的骑术非常灵巧，在奔驰的速度上无人能出其右。再加上努米底亚人虽然是佣兵，但对司令官非常忠贞，是最值得信赖的部下。我们可以说，为汉尼拔立功的，正是努米底亚骑兵队。

战争开始之后，过了将近十年，汉尼拔依然在意大利半岛转战，罗马军开始慢慢地迎来转机，最后战局变得不利于迦太基军队了。公元前211年，卡普亚再次降服于罗马，结果汉尼拔被逼到意大利半岛的"脚跟"附近。

罗马开始取得优势，便派增援部队到西班牙，年轻的将军大西庇阿为战死在这里的父亲及叔父进行了一次祭奠之战，公元前209年终于攻下新迦太基城。公元前206年，迦太基最后的城市格狄斯（即今加地斯）沦陷。西班牙完全被罗马夺走。

在那之前，汉尼拔的二弟哈斯德鲁巴为了尽快与在意大利的兄长会合，离开了西班牙，可是被罗马军击败，其头颅被罗马人扔进汉尼拔的阵营里。西西里岛上的阿克拉加斯也站在罗马一边，迦太基显然要打败仗了。

在西班牙取得辉煌战果的大西庇阿回到罗马后，马上被选为执政官。他暗中加强训练，以便一举进攻迦太基母国。罗马元老院对于远征北非的计划并不赞同，但是看在大西庇阿以往的功绩，以及罗马市民对他的支持的份上，勉强同意了他的计划。就这样，罗马一下子反守为攻。第二次布匿战争的最后一幕，变成汉尼拔对大西庇阿的决战。

迦太基当然也料到罗马会攻过来，所以为了加强北非的防备，赶紧让努米底亚来支持，担负这个重任的便是吉斯哥的儿子哈斯德鲁巴。他说服了力图与罗马结盟的西法克斯，并把他拉入自己的阵营。为了达到这个目的，他甚至运用策略，把女儿索芙妮丝芭嫁给西法克斯。听说索芙妮丝芭是个绝世美女，但成为王妃后不久，便成为罗马与迦太基争战中的牺牲品。

❖ 一场戏开始了

这场戏是这样展开的。

大西庇阿认为远征北非亟须借助努米底亚之力，便试图拉拢西法克斯，为了怀柔他，甚至亲自前去拜访，但是，迦太基的司令官哈斯德鲁巴偶尔也来与西法克斯会面。这些传说的准确性如何不得而知，但在西法克斯的宫廷里，两个人为了说服努米底亚王而轮番上场，结果，大西庇阿输了。西法克斯站到了迦太基一边。

大西庇阿于是把目标转向努米底亚的另一个国王马西尼萨。为了怀柔他，大西庇阿释放了在西班牙为迦太基作战时被罗马俘虏的马西尼萨的外甥，终于使马西尼萨挂上罗马的马鞍。如此一来，两军阵营把努米底亚一分为二，形成迦太基这边是哈斯德鲁巴和西法克斯，罗马那边是大西庇阿和马西尼萨的同盟关系。

公元前204年夏天，后来被称为"阿非利加的征服者"的大西庇阿，从西西里岛西端的罗马据点港口城市利利贝乌姆率领舰队航向北非，舰队上共载有士兵三万五千人。从利利贝乌姆到北非很近。罗马军轻易渡过地中海，在突尼斯湾西北的乌提卡附近登陆，遭到哈斯德鲁巴和西法克斯的五万士兵以及一万骑兵的攻击,遂放弃攻打乌提卡而转到邦角备战,并在那里过冬。这一期间,罗马和迦太基开始进行和平谈判。

当时,迦太基元老院的鸽派占了上风,主张讲和。双方交涉的结果,罗马向迦太基开出如下条件:

1.迦太基将西班牙及地中海诸岛让给罗马。

2.迦太基留下二十艘船,其余的全部交给罗马。

3.迦太基支付赔偿金四千他连得。

4.西法克斯的领土归马西尼萨统治。

就像其他战争时期一样,在迦太基的元老院中,鸽派和鹰派的对立非常激烈,民间亦然。如果前者占据决定性的优势,那么,持续了十七年的第二次布匿战争可能就会落下帷幕。可是事与愿违,鸽派宣判哈斯德鲁巴死刑,准备全盘接受罗马开出的条件,鹰派则准备妨碍和平的工作。他们采取激烈的手段,攻击罗马的运输船,试图缉捕载着罗马使节团的船只。这样一来,他们切断了和平交涉的通道,双方停战只维持了一段时间。

公元前203年春天,一直在观察交涉之来龙去脉的大西庇阿一得知谈判破裂,便立刻出其不意地攻打哈斯德鲁巴和西法克斯的军队。突遭攻击的迦太基军队大败,但马上又重整军容,准备在乌提卡附近会战。然而,他们已不再是士气高昂的大西庇阿军队的对手了。这次,哈斯德鲁巴军又惨遭溃败，连来帮忙的西法克斯都被俘虏了。

西法克斯曾经把马西尼萨的首都西尔达（君士坦丁）纳入手中，当作迦太基的后盾。可是现在努米底亚情势一变，站在罗马那边的马西尼萨此时代替了西法克斯而成为努米底亚的国王。我所说的戏剧，就是从这时候开始的。

西法克斯的王妃索芙妮丝芭，连同丈夫一起被抓到西尔达的城里，再次收复城池的城主马西尼萨在那里等着他们。根据李维的叙述，索芙妮丝芭跪伏在马西尼萨的膝前，请求他说："因你同样是非洲人，我信任你，任你处置，但是请你不要服从残酷且傲慢的罗马人的决定。如果真的没有别的办法，与其把我交给他们，倒不如把我杀了。"

索芙妮丝芭容貌出众，正值妙龄，马西尼萨眼见如此佳人伏在自己的膝前求情，方寸大乱。努米底亚的国王被俘虏来的女人给"俘虏"了。马西尼萨向索芙妮丝芭伸出右手，答应了索芙妮丝芭的请求。

要怎么样才不必将她送到罗马呢？马西尼萨冥思苦想之后，想出一个计策：如果我跟索芙妮丝芭结婚的话，她就成为我的王妃，罗马就不敢插手了。于是，马西尼萨立刻决定当天举行婚礼，娶索芙妮丝芭为妻。

马西尼萨随后去见大西庇阿。大西庇阿并不吃这一套。他认为即使索芙妮丝芭现在是马西尼萨的妻子，但她以前曾经是敌人西法克斯的妻子，所以必须以囚犯的身份被送到罗马。大西庇阿也许怀疑是迦太基的哈斯德鲁巴利用女儿唆使马西尼萨采取此计策,弄不好马西尼萨不知何时会倒向迦太基。

根据李维的记载,马西尼萨听完大西庇阿的话之后不禁流下眼泪,回到自己的帐篷里,为已经成为自己妻子的美貌女子叹息——只剩下最后一步了。马西尼萨的叹息声传到帐篷外面的贴身奴隶耳中,他曾经交代过这个奴隶,万一有什么事,就把随身携带的毒药交给索芙妮丝芭。

拿到毒药的索芙妮丝芭立下了遗言:

我确实从你手中收到了结婚礼物,再也没有其他礼物能比得上我丈夫送的东西了。但是,请你转告他,要是没结婚就举行葬礼的话,我可能会死得更愉快。(李维,《罗马史》)

❖和平谈判破裂

迦太基已经危机四起,可是主张彻底抗战的鹰派仍未死心。元老院决定把汉尼拔从意大利召回。因为除了他之外,他们再也想不出谁能拯救迦太基。汉尼拔接到紧急命令后决定返国。当时汉尼拔已经四十四岁,而且一只眼睛已经失明。他是怀着怎样的心情回国的啊!

公元前203年,汉尼拔百感交集,从意大利"脚跟"处的克罗托拿(即今克罗托内)出港,航向非洲。听说他身边带了士兵两万四千人。

主和派与主战派意见分歧的迦太基虽然将汉尼拔召回,

但连一艘运输船都没拨给他。可能是因为罗马已经掌握了制海权的关系吧，汉尼拔别无他法，不得不杀掉许多珍贵的马匹，这使得后来的决战大受影响。

不管怎样，汉尼拔的船队总算躲开罗马的耳目，在迦太基南部的哈德鲁梅（又译为哈德卢密塔姆，即今苏斯）登陆。与此同时，仍然在意大利作战的汉尼拔的三弟马哥也转回非洲。因在米兰作战时受的伤情况恶化，马哥在归途中不治身亡。

如此一来，汉尼拔决定向大西庇阿挑起最后的决战。汉尼拔利用在哈德鲁梅过冬期间重整军备，然后开始往西边的扎马行动。大西庇阿得知后，立刻挥军南下，赶往主战场。决定迦太基命运的扎马大会战已箭在弦上。

汉尼拔和大西庇阿的军队都深入内陆，两军在那拉格拉（即今阿尔及利亚国境附近的埃尔克夫）相遇，但没有马上展开战斗，因为汉尼拔要求跟大西庇阿见面。也许这位迦太基的名将认为，与其把胜负交给命运，倒不如经由两人协商，再由对方提出和谈的条件。根据李维的记载，罗马、迦太基的两位英雄会谈的情形如下。

汉尼拔与大西庇阿让双方士兵停留在远处，各自只带了一名翻译进行会谈。这两位是当时最伟大的人物，不仅如此，他们与历史上其他的国王或武将相比也毫不逊色。两位名垂千古的历史名将面对面，彼此默默地注视了对方一会儿，内心都对对手充满了敬意。最后，汉尼拔先开口。

汉尼拔对大西庇阿说："向罗马发动战争的别无他人，就是在你面前的我；打了几次胜仗的，也是我。这样的汉尼拔，因为命运的安排而提出讲和的条件，对象是你，西庇阿，使我感到非常荣幸。同样的，对你来说，不也是一件很荣幸的事吗？"

接下来，他开始提到和谈的条件："我年少时离开家乡，年老才回来，这几十年我领悟到的人生经验是：与其任凭命运摆布，倒不如依靠自己的能力实现目标，因为幸运之神总是不可靠的。现在情势对你有利，对我不利，所以，如果你答应的话，讲和会给你带来名声和荣光。我主张和平，不是为了荣誉，而是因为需要。与其期待胜利，不如确保和平，如此不是更安全吗？和平在你的权力中，胜利则握在神的手里。希望你别一时之间将长年所得的成功化为乌有。……"

讲完这番话之后，汉尼拔向大西庇阿提出这样的讲和条件：迦太基放弃靠武力得到的，或应该得到的所有领土，包括西西里岛、撒丁岛、西班牙，以及非洲和意大利之间的海域中的所有岛屿，并且同意把迦太基的活动范围限制在非洲沿岸。

大西庇阿并不为汉尼拔的三寸不烂之舌所动。他冷冷地说："以往的和平交涉，我们都受骗了。迦太基是侵略者，你不也承认这一点吗？神是我们的证人。如果神让我们进行战争，那么，他也会以正义来结束它。"

最后，大西庇阿说："你们必须赔偿以往在交涉过程中加诸我方官员的暴力，以及从我们船上抢走的补给品。如果你认为我的要求太过苛刻,那你就回去准备战斗吧!因为没有人能证明你们迦太基能忍住争斗的本性,过和平的生活。"

就这样,历史性的会谈不了了之。

❖苛刻残酷的和约

迦太基和罗马谈判破裂的结果,是激烈的扎马大会战。在此我想不必详述战况了。这场战争就像罗马军惨败、汉尼拔大胜的坎尼大会战,只是换了个时空,胜负颠倒过来了。汉尼拔在作战技巧上不输给大西庇阿,问题是他的部下都是一些无法信赖的佣兵。相反,大西庇阿多了马西尼萨的骑兵队。罗马军和努米底亚骑兵队巧妙联合,包围并歼灭了汉尼拔的军队。

汉尼拔的军队包括迦太基的国民兵和在意大利身经百战的勇士,此外还有马其顿佣兵,以及打前锋的八十头大象。可是,大西庇阿巧妙地利用了对方的大象部队,反而把这群巨兽赶到迦太基的阵地,使迦太基的骑兵队阵脚大乱,终于大胜汉尼拔。汉尼拔带着极少的骑兵狼狈地逃到哈德鲁梅。

历经十七年的第二次布匿战争,也就是汉尼拔战争,就这样落幕了。对于战败的迦太基来说,负担最沉重的当然是罗马提出来的和谈条约,而迦太基一个条件都没提,等于是无条件投降。话说回来，迦太基除了接受对方的条件之外，没有其他的路可走。总之，最后迦太基只被允许勉强继续存在。

和谈条件的内容比上一次的和平交涉更为苛刻，其内容如下：

1.迦太基完全解除武装。除了留下十艘三桨座船之外，迦太基必须把全部的船队交给罗马；老朽船一律焚毁；用于战斗的大象由罗马没收，但并不负责之后的饲育和调教。

2.罗马承认迦太基独立，但迦太基必须放弃本国以外的所有领土；原来努米底亚的马西尼萨所领有的土地，也要归还给马西尼萨。

3.迦太基的安全由罗马保障；罗马承认迦太基为保卫国家而组建的自卫队，但自卫队决不允许赴海外作战。如果迦太基为了自卫，欲在北非动兵，必须和罗马"事先协议"才可以行动。

4.在罗马元老院承认此条约之前，驻留在迦太基的罗马军的薪饷、粮食，以及其他一切费用，均由迦太基支付。

5.迦太基须自费将逃兵、逃亡奴隶以及俘虏送回罗马。

6.迦太基须向罗马支付一万他连得当赔偿金；罗马准许迦太基在五十年之内付清。

7.大西庇阿从迦太基国民中挑选十四岁以上、三十岁以下的男子一百名，送到罗马。

❖啊,战后

迦太基接受了这些条件,并派和谈使节团到罗马签约。迦太基的使节团在罗马受到元老院的冷嘲热讽,最后使节团带着战败的屈辱回到迦太基。在迦太基的元老院中,有一派无法忍受这种屈辱,主张撕破和约,继续作战,但汉尼拔力排众议。他认为除了接受条件之外,迦太基没有其他的生路可走。

时隔三十六年回到祖国,为了避免亡国而大声疾呼的汉尼拔,在意大利连续作战十六年,曾经把罗马追得走投无路,这样的经历足以使反对者闭口。李维记载了汉尼拔谦虚的讲话:"我九岁离开诸位,三十六年后才回到故乡。我从少年时代就开始作战,作战经验使我充分掌握军事上的技术,但是教我法律、都市或商业习惯等知识的是你们。"

开始一场战争很容易,但是没有比结束一场战争更难的事。同样，备战容易，收拾战后残局难，而汉尼拔接手了这件难事。

战争用身体暴力进行可怕的破坏，但这些破坏毕竟是肉眼可见的惨状，比这些破坏更严重的，是肉眼看不见的后遗症。"那些经历过战争以及战后那段时期的迦太基人和罗马人，"英国历史学家阿诺德·约瑟夫·汤因比在他的名著《历史研究》中这样写道，"已经注意到这场战争的结束与这场战争的规模之间的关系，但是能真正意识到这个结果有多少讽刺意味的人，恐怕少之又少吧！"

讽刺意味指的是什么呢？他说："迦太基败北，这是很明显的；罗马获胜，也同样显而易见，但是，罗马真正的决定性的军事胜利，造成罗马国内战线无法挽救的非军事败北，这件事情却不那么显而易见。"

战争就是如此，不管它发生在哪个时代。

第十章

奇迹般的经济复兴

奇跡の経済復興

❖ "然后，现在才是开始……"

无条件投降，指的是战败者投降时对于战胜者所提出的一切要求无条件接受。

第二次世界大战末期，1945年7月26日，美、英、中三国首脑发表《波茨坦公告》，要求日本无条件投降。十五天之后，即8月10日，日本通知联合国，接受《波茨坦公告》。五天后，即8月15日，写明主旨的诏书由日本天皇通过收音机向日本全国播放，战争于是结束。当时我十九岁。

我亲身体验了战争是多么的残酷。战后的那段日子又是多么的艰辛，我虚脱的心灵简直无法想象。痛苦的日子从第二天（指宣布战争结束后的第二天）就开始了。

直到今天我都还记得很清楚，有一本摄影类杂志刊登了一张陆续从外地被遣回的战败的日本士兵以及复员士兵惨状的照片，照片旁边写着一个大标题："然后，现在才是开始……"

从某种角度来说，战败后的生活比战争时的生活更辛苦。社会崩溃、混乱、饥饿、无法预知的命运、赤裸裸的利己主义、为了生存下来而变得像野狼般的人们，一桩桩一件件都令人难以承受。物质上的粮食缺乏当然不用说了，而当时失去精神支柱的日本人空洞的心灵，只能用"虚脱"两个字来形容。

日本人一直到最近，不，也许应该说一直到现在，都承受着这种"战后"的诅咒，被束缚得无法动弹。

话说交涉和平的迦太基使节团几次往来于迦太基和罗马之

间,最后双方终于达成协议。罗马的代表是大西庇阿,迦太基则全权委托汉尼拔处理。迦太基可以说是无条件投降。罗马所提的要求极端苛刻,但迦太基除了全盘接受之外,没有其他的路可选。

大西庇阿向汉尼拔提出的条件的确极端苛刻,但是仔细分析起来,我们会意外地发现这些条件还算宽大,因为在扎马大会战中大胜的罗马总司令大西庇阿如果继续进军攻击迦太基的话,足以彻底毁坏这个都市国家,但是,他没有继续追击,迦太基的城市得以保留,毫发无伤。大西庇阿甚至还允许迦太基保持独立自主。

放弃海外的领土、全面解除武装以及支付巨额的赔偿金……这些条件的确非常苛刻,但罗马没有对挑起这场战争的人加以处罚。如果把这场战争中罗马所受的人员和物质上的损失都算进去的话,罗马提这些要求,还算是很克制的。

也许战胜国罗马的元老院认为,如果把对方打得体无完肤、寸土不留的话,连赔偿金都会要不到。或者是汉尼拔的政治手腕使罗马让步,另外,也可能是因为大西庇阿认为汉尼拔"虽为敌人,却值得佩服"。也许正是大西庇阿的这份对汉尼拔的敬意使迦太基免于灭国。

"现在才是开始……"战败国迦太基度过了苦难的岁月。

打了败仗的迦太基陷入一片混乱,茫然不知所从。我想有一段时期,迦太基全国都处于"虚脱"的状态吧。在这段时期,迦太基没有发生叛乱或革命事件,而是顺利地得以马上进行复兴的工作，可这是因为迦太基的军队大多数都是由佣兵组成的。

迦太基的元老院那时仍然握有大权，并监视拥有军队的将军，以避免将军拥兵自重。统治人民的百人会和公民大会也都没有受到罗马的干涉。元老院战后立刻表明：顺从罗马，并忠实履行条约。

对于罗马提出的苛刻要求，当然也不是没人反对。"爱国党"就非常气愤，认为不应该接受和谈条约，但迦太基已经没有能力再采取军事行动，因为签约的人是掌握军权的汉尼拔。本来迦太基对战败的将军都会处以死刑的，但是，虽然有人责怪汉尼拔，但迦太基元老院并没有追究汉尼拔的责任。汉尼拔被除去将军职务，是在双方协议签订两年后，且是罗马强迫其离职的。

汉尼拔不仅有军事才华，还具备外交和内政手腕，连罗马的历史学家李维都对他赞美有加。李维说："汉尼拔在处理事务过程中所表现出来的忍耐力，实在令人难以相信。"

他拥有令罗马人瞠目结舌的不可思议的能力，比如冷静的判断力和洞察力以及执行力和说服力。他虽然打了败仗，但这位迦太基将军可以说是历代少有的政治家，在为了巨额的赔偿金而唉声叹气的元老院中，只有他面带微笑。元老院有位议员见此，便愤怒地责备他。根据李维的记载，汉尼拔听了之后对大家说：

"各位责怪我，其实我面带微笑并不是因为我高兴，而是为我们遭遇如此不幸的事而露出苦笑。现在再怎么哭也没用了，因为场合不对。要哭的话，在我们的武器被没收的时候，以及我们的船被烧毁的时候，还有在我们被禁止在海外打仗的时候，遇到这些事情才值得悲叹哭泣啊！为什么呢？因为这些对我们来说是既痛苦又无法挽救的。

"现在最好别相信罗马会保障我们国内的和平，因为没有外患，必有内忧出现。一个国家就像我们人类的身体一样，外表看起来健康，可是有时候体内非常衰弱。

"然而，我们却没有注意到这一点，把社会的不幸等同于个人的灾难。一个人丢了钱一定会很难过，但是，国家的损失跟这个不同。我们只要看看迦太基的现况就知道了。现在，我们不是被解除武装，被赶入各个武装的部族里了吗？面对这种情况，没有人表示悲叹，只是一味地为自己的财产将被拿去当作赔偿金而感到悲伤。失去金钱只是小小的不幸罢了，诸君马上就能知道这一点。我为这个感到难过。"

❖战败国迦太基复活

一个国家应该如何着手战后的复兴工作呢？迦太基当时虽然没有出现叛乱的情形，整个国家却处于无序状态。就像汉尼拔所担忧的那样，每个人都只想到自己的得失，没有人理会国家的重建。在这种情况下，国家为了征收赔偿金，不问百姓有无，一律强制执行。当时走私物资横行，有人甚至将赔偿金中饱私囊，元老院和百人会腐败无能，被课以重税的老百姓成为牺牲品。

因此，由一般市民组成的公民大会与由特权阶级组成的元老院和百人会形成对立局面。最后，公民大会选举汉尼拔为具有最高权力的"苏菲特"（最高行政长官）。他虽然要为战败负责，却得到公民大会的支持。汉尼拔便以市民的力量为靠山，开始着手进行迦太基的复兴大业。当时是战败后第五年，也就是公元前196年。

苏菲特为两人制。当时汉尼拔的搭档是何许人，我们不得而知，也许是汉尼拔的心腹吧！汉尼拔一回到政界，就立刻着手体制的改革。这些几乎可以称为"革命"的彻底改革，简直可以冠上"民主主义革命"之名。

他首先对具有"贵族院"特性的百人会进行改革。根据李维的记载，百人会控制了迦太基的一切，掌握着所有的特权。

汉尼拔首先招来财务官，命他报告迦太基的财政状态，但财务官拒绝报告，汉尼拔便强行拘提了财务官，在公民大会上纠弹他的违法行为，并且向公民大会提议要求百人会改组。最后，他果断将百人会的议员由终身享有特权改为每年选举。这个做法当然遭到贵族们的反对，贵族们想尽办法保留身份，但最后还是无法跟力量强大的公民大会对抗。从此，百人会的性质彻底被改变，它与公民大会一样成为一般市民的政治舞台。（这与日本的贵族院在战后变为参议院的情形一样。）

除此之外，迦太基的当务之急是严格履行对罗马的赔偿。

支付了一年的赔偿金之后,迦太基被罗马严厉警告,罗马说迦太基提供的赔偿金太少。在征收赔偿金的过程中,迦太基一定存在很多贪污的情况。为了防止贪污,重建国家,迦太基最重要的工作就是重建财政。但是,如今国家的财源除了征税之外别无他途。

于是汉尼拔开始着手改革不公平的征税制度。他主张实行累进课税制,对有钱人多征一点税,对贫穷的庶民则减轻税金。他在公民大会上说服大家,说如果大家都遵守这个新税制而确保岁入的话,迦太基的市民就不再会为重税所苦,且迦太基会再一次成为富裕的国家。

汉尼拔下一步采取的措施是振兴商业。虽然这么说,可是这个政策并不是那么必要,因为迦太基人原本就是个商业民族,为了赚钱,他们不惜做出各种牺牲。为了赚回失去的资产,迦太基人比以往更着迷于商业活动。如此一来,经济复苏,贸易又开始活跃。不到十年的工夫,财富再一次聚集到迦太基。

其他国家一定认为迦太基的复兴是一个奇迹。有些国家对此感到惊讶不已,而最感纳闷的就是战胜国罗马。

迦太基在海外的全部资产已经被没收,船队也被解散,简直可以说失去手脚了,为什么它能在短短的时间内使经济复苏呢?

与战败的迦太基相反,战胜国罗马虽然得到了巨额的赔偿金和无数的战利品,国内的贸易赤字却越来越严重,通货膨胀问题无法解决,财政则处于穷途末路的状态。这不正好与迦太基相反吗?

"战后"的确给罗马带来了沉重的负担。德国的罗马史学家克里斯蒂安·蒙森描述了当时的状况:

> 战争与饥饿使意大利损失了多少人口,我们可以从战后罗马只剩下四分之一的市民人口中得到答案。有记载说,在汉尼拔战争中,意大利战死的总人数高达三十万,这绝对没有夸张。这些战死的人,不用说,大都是战士以及组成精锐军队的精英市民。……
>
> 十七年中,意大利全国以及国外四个地区都发生了战争,这动摇了国家经济的根基。我们从很多方面都能够了解到这一点,只是历史没有给我们提供足够的资料来做详细的说明。(《罗马史》)

共有四百个城市遭到破坏。"战后"比"战争"更让罗马痛苦。人们道德沦丧,传统良好的风俗被彻底破坏。蒙森说:"仅是阿普利亚,在一年之内(即公元前185年),就有七千人因为剥削的罪名而被判刑。"这有点儿骇人听闻,但我们的确能想象当时的情形。

虽然如此,战胜国在气氛上有别于迦太基,表面上过得非常奢华。有位意大利历史学家写道:

> 第二次布匿战争一结束,最早的公共澡堂立刻出现在罗马。……同时,会做菜的厨师们开始要求非常高的报酬。他们以最高价格购入希腊的酒以及远方国家昂贵的珍品……在意大利的任何地方,尤其是罗马,到处可以看到东方的香水,巴比伦

的地毯、黄金，以及镶了象牙的家具。（G.费雷罗与C.巴巴盖罗，《罗马简史》）

士兵陆续凯旋，罗马不断地举行豪华的游行庆祝，主角当然就是打败迦太基的大西庇阿。公元前199年，也就是迦太基无条件投降的三年之后，他坐上罗马元老院首席元老的位子，当时他才三十七岁。如此，罗马与迦太基在"战后"就像在战场上一样，借由这两位将军的双手，各自开拓着自己的命运。

❖战胜国罗马的苦恼

战争可以说充满了讽刺，因为战胜的人反而经常蒙受损失，正如日本的一句谚语："输就是赢。"

这是为什么呢？因为打了胜仗，胜者就必须负起相应的责任和义务。此外，打赢了一场战争，就会创造出一个新的局势，而要给这个局势制定一个新秩序的话，就会出现另一个敌对者。战败的人，除了支付赔偿金及担负其他的义务，有一段时期会比较辛苦之外，其他的一切责任都被免除了。战败国只要集中全力重建国家就好了，而且，在一定的年限里，尽了规定的义务之后就完全自由了，只需要追求自己国家的利益就好了。迦太基奇迹般的复兴，虽然是迦太基人辛勤工作、热心商业的结果，但战后的败者处境也为迦太基的复兴解除了一些负担。

两千多年后，这种情况也发生在第二次世界大战后的日本和德国身上。这两个国家在战后实现了令人惊异的经济复兴，部分原因是他们"战败一生轻"。相反，战胜国美国和苏联却背负着战胜者必须承担的责任和义务，同时又为庞大的财政赤字所苦。

当时的罗马也处于同样的境况。罗马和迦太基发生战争期间，其他国家并非袖手旁观。在这段时间里，东方的势力地图慢慢地被改写。巴尔干半岛上，希腊的城邦之间不断发生一些小的冲突，冲突集中地在安提哥那（亚历山大的麾下大将之一）王朝统治的马其顿。在马其顿的东部叙利亚，还有塞琉古（亚历山大的麾下大将之一）王朝正在扩张势力范围。

当然，这两个王朝都是亚历山大的遗产。除此之外，再加上埃及的托勒密（亚历山大的麾下大将之一）王朝，三个王朝在近东世界形成三足鼎立的局面。后来，乘托勒密王朝国势衰退的机会，另外两个国王——马其顿的腓力五世和叙利亚的安条克三世——秘密地订下和约，要分割埃及托勒密王朝在海外的领土。随后，两人分别采取了军事行动。

马其顿的腓力五世攻击希腊各个城邦，企图统一整个希腊，实现夙愿。此外，他还想进一步把爱琴海诸岛以及小亚细亚的帕加马王国，纳入自己的势力范围。另一方面，叙利亚的安条克三世则入侵巴勒斯坦，把叙利亚南部纳入自己的势力范围，如此一来，当然会和盘踞整个意大利半岛的罗马发生冲突。

罗马因为与迦太基长期作战，所以"战后"非常困苦，而东方的这些新情势却不容罗马有片刻的休息。受到叙利亚和马其顿等强国的威胁而惊吓不已的小国，如帕加马王国、罗得斯王国等,都派使者到打赢汉尼拔战争,且已成为大国的罗马求援。

战胜国罗马实在是有苦难言。小国来求救,罗马总不能置之不理,而且,如果罗马对这些情势发展充耳不闻,那么总有一天马其顿和叙利亚的联军会把触角伸到意大利半岛。罗马好不容易才结束一场战争,又不得不和叙利亚和马其顿两国对立。第二次布匿战争结束后不到一年,罗马连喘息的机会都没有,就对马其顿宣战了。

罗马市民当然不愿意再战,元老院也一致认为,现在这个时期,没有必要把精力消耗在东方事务上,但是,主张开战的新执政官苏尔皮基乌斯·加尔巴认为,灾祸的芽苞必须及时摘除。如果失去这个时机,谁能担保不会发生第二次布匿战争?他说服了元老院,罗马终究又踏上战争之途。这就是发生在公元前200年的第二次马其顿战争(至公元前196年结束)。

罗马军虽然已经疲惫不堪,但还是很强大,而且司令官非常有才干。在元老院主张开战的加尔巴在几次会战中连连报捷,最后压轴的是接掌指挥权的提图斯·昆克蒂乌斯·弗拉米宁。决战在色萨利的丘陵展开。马其顿彻彻底底地打了一个大败仗。

战争的结果,除了马其顿原有的土地之外,腓力五世被迫放弃以希腊为首的小亚细亚诸岛上的所有领土,并且和迦太基一样向罗马投降,完全接受"没有罗马元老院的许可,不得从事任何本国之外的战争和外交活动"的条件。

罗马无意合并马其顿辖下的领土或城邦,选择了较具威信的做法：解放希腊各城邦。这的确是个高明的做法，因为希腊各城邦之间经常作对，造成许多纷争。如果统治这些城邦的话，罗马也许会再次卷入战争。元老院可能认为与其这么做，倒不如对这些希腊城邦施以小惠，拉拢他们，只要监视他们是否有反抗罗马的举动就行了。

然而，叙利亚王国仍未灭亡。在罗马和马其顿作战的时候，安条克三世(由于他力图恢复叙利亚王国的版图，所以被称为大帝)——攻下小亚细亚各城邦，最后他的影响力竟然到达希腊的埃托利亚。

以埃托利亚的城邦为中心而结成的埃托利亚同盟，决定依附叙利亚，说服和策动安条克大帝攻击罗马。安条克大帝接受了这个计策，派一万兵力在色萨利登陆，向罗马挑衅。

如此一来，罗马不得不应战。马其顿战争结束不到两年，罗马又再次出征了。决战场是以前希腊痛击波斯的德摩比利(或译作"温泉关")。

然而，特意选择此地作为决定胜败的关键处的安条克大帝，却被罗马军打败。叙利亚的士兵四处逃散，安条克大帝逃往以弗所(古代小亚细亚西岸的城市)。罗马又再次战胜，时为公元前191年4月。

❖祸兮福之所倚，福兮祸之所伏

当时，汉尼拔跟随在这位安条克大帝的左右。他曾在色萨利出席作战会议，商讨德摩比利决战的策略，然而安条克大帝没有采用汉尼拔所提出的策略，所以打了败仗。

策动罗马军击溃叙利亚军队的人，便是后来以极力主张消灭迦太基闻名的马尔库斯·波尔基乌斯·加图。汉尼拔与加图！历史经常巧合地安排这些卓越的人物同时登上重要的历史舞台。

谈到这一点，让我们再来看看迦太基。

败给罗马的迦太基，必须在苛刻的条件下重建家园，但比起前面所描述的罗马的苦恼，还算是比较轻松的。丧失伊比利亚半岛及西西里岛、撒丁岛，还有北非沿岸的各个经济据点，对迦太基的经济活动当然是一大打击，然而，要是勉强拥有这些海外版图，为了维持对这些地方的统治，迦太基就必须将很多精力花在监视和防卫上。与这些地方的居民发生冲突，也是很棘手的事，而且难以保证迦太基不会因此而再次卷入战争。

事实上，在汉尼拔战争之前，迦太基在维护海外版图上已经付出了很大的代价。卸下这个"包袱"后，迦太基发现其经济活动比以前更自由了，贸易上更加没有障碍了。迦太基从很早以前就专注于商业，到处聚集财富，最后之所以能再度成为经济大国，汉尼拔在国内的改革成功是很重要的因素，但我们也不得不承认，这也是因为它"战败一身轻"。

罗马没有注意到这一点，反而一直认为经济繁荣必须依靠强大的军事力量，领土越多，对从商越有利。汉尼拔战争刚结束的时候，罗马的这种野心尚未完全表现出来——打赢马其顿战争后，罗马并没有合并希腊本土或马其顿本土，就可以证明这一点。后来，伊比利亚半岛银山的银矿不断充实国库，西西里岛和撒丁岛的农产品大量输入，还有来自东方的木材及矿产资源，等等，这些都加强了罗马扩张领土的欲望。

要计算这些得失是很难的。对罗马来说，经济和国家规模的关系完全是一个未知数，罗马只能走一步算一步，凭当时的判断行事，一直处于试探的阶段。于是，以汉尼拔战争结束为界，负担沉重的罗马和一身轻松的迦太基，两者逐渐走向完全相反的道路。

然而，命运终究是不可知的东西。中国哲人老子说过一句话："祸兮福之所倚，福兮祸之所伏。"赞同老子思想的《淮南子》作者注说："故福之为祸，祸之为福，化不可极，深不可测也。"

汉尼拔的戏剧性和迦太基的命运证明了老子的名言。不，我们应该说，历史本来就是这样安排人类命运的。

如果汉尼拔在战后被罗马立即处死，那么，迦太基能否复兴就不得而知了，但是，如果汉尼拔继续担任迦太基的领导人，待迦太基国力恢复后再次向罗马挑战的话，迦太基可能又会陷入战争的泥沼。这么说来，与罗马元老院相通的迦太基贵族识破汉尼拔心中的打算，知道他暗中跟叙利亚的安条克大帝结盟，准备向罗马复仇，而告发他——这件事是祸还是福呢？这也是化不可极、深不可测的。

对于汉尼拔激进的"民主革命"，原为迦太基特权阶级的贵族们当然抱着强烈的敌意，然而百人会的成员大多数是汉尼拔的人，旧势力根本无力推翻汉尼拔。迦太基贵族所倚赖的对象，竟然是罗马元老院。

根据迦太基与罗马签订的和谈条约，迦太基必须挑选一百名十四岁以上、三十岁以下的男子，送到罗马当人质。这些人选都由大西庇阿决定，大多数是迦太基的贵族子弟。现在，在罗马的这些子弟们已经成为罗马，同时也是迦太基贵族的重要情报人员。

汉尼拔和反罗马势力秘密联系的情报，能很轻易且正确地传到罗马的元老院，也是不难想象的。

这个情报是事实或是迦太基贵族为了放逐汉尼拔而采用的策略，我们不得而知。汉尼拔意识到自己处境危险之后，立刻离开迦太基，连夜逃到迦太基的母邦推罗，然后从推罗来到小亚细亚的以弗所，与叙利亚的安条克大帝会商。由此看来，汉尼拔与国外早已取得联系的可能性就很大了。

公元前195年夏天，罗马的使者在迦太基登陆。说是使者，倒不如说是监察官更为恰当。迦太基当时因为与邻国努米底亚王马西尼萨发生纷争，备感棘手，便向罗马请求帮忙调停。为了调查这件事情，罗马才派使者来的，但是，他们还有更重要的任务，那就是暗中监视汉尼拔的举动，必要时不惜用暗杀的手段干掉汉尼拔。

汉尼拔似乎早已料到，所以立刻前往迦太基东部哈马马特湾的港口城市塔普苏斯，并从那里乘船逃往推罗，目的地是安条克大帝的都城。世界上再也没有人能像他这样左右世界历史剧情的大纲了。

成为经济大国的迦太基从此以后的走向，与汉尼拔的命运可以说是息息相关的。

第十一章

迦太基必須毀灭

この国は滅ぼされねばならぬ

❖汉尼拔自杀

公元前183年，汉尼拔服毒自尽，结束了六十五年惊涛骇浪的一生。

他所依赖的叙利亚大帝安条克三世，虽被称为大帝，可是实在太优柔寡断了。安条克大帝不敢采用汉尼拔的作战策略，因此在德摩比利的决战中败给罗马，最终不但投降，还将小亚细亚拱手交给罗马。

罗马早已知道，汉尼拔在暗中参与了这场战争，战后当然就要求迦太基把汉尼拔交出来。这位不屈服的将军不得已再次逃亡。

汉尼拔先逃往克里特岛，但他知道自己必须提防克里特人，因为他们随时可能向罗马密告。有个传言说，有人觊觎他的财产，想了很多计谋加害于他。

根据希腊地理、历史学家斯特拉博的记载，汉尼拔逃到亚美尼亚。亚美尼亚以前受安条克大帝的统治，现在已经独立，由阿尔塔西亚斯大帝统治。汉尼拔来到阿尔塔西亚斯大帝的王宫，向大帝提议修建一个坚固的首都，以抵抗外敌的侵略。大帝接受了汉尼拔的提议，委托汉尼拔设计，盖了一个新城市亚尔塔夏塔城。

当时地中海已被罗马所控制，只有小亚细亚北部，濒临黑海一带的比提尼亚王国不受罗马的左右。当时，这个国家正在跟邻国——亲罗马的帕加马王国——打仗。汉尼拔最后除了投奔比提尼亚王普鲁西亚斯一世之外，别无选择。然而，这个国王虽然收留了汉尼拔，但并没有采纳他的进言。结果，比提尼亚败给帕加马，汉尼拔的命运也就此走到尽头，因为罗马强硬要求普鲁西亚斯一世交出汉尼拔。

汉尼拔此时已经是一只翅膀干枯，再也飞不动的老鸟了，被逼得走投无路。最后他说："如果真的这么坚持，这么不顾一切地要我这个令人憎恶的老人死去的话，好，我就成全罗马人的心愿吧！"说完，汉尼拔便服毒自杀了。

另一个说法是，汉尼拔当时仍然打算亡命天涯。根据李维的记载，汉尼拔的房子里有七个秘密逃生出口，有警卫队保护，他准备随时逃命，但是，追杀他的人最后团团围住他的房子，使他无法逃逸。汉尼拔最后说了句"我让你们罗马人从不安中解脱出来"后，便自行了断了。

历史确实充满巧合。就在这一年，汉尼拔最大的竞争对手——罗马的将军大西庇阿也结束了他辉煌的一生。

❖加图：顽强的男人

在某种意义上，一个国家在战后所经受的考验要比战时的考验更严峻。所谓"一代新人换旧人"，汉尼拔战争结束后，汉尼拔及大西庇阿双雄渐渐沉寂，另一个掌握历史动向的人物出现在罗马的舞台上，那就是顽强汉子马尔库斯·波尔基乌斯·加图。历史把迦太基的命运交到这名男子手中，迦太基也因为他而咽下最后一口气。

加图不像大西庇阿那样出身名门，他有着罗马传统的特质：勤勉忠诚、意志力强，凡事身体力行。最终，加图被一位罗马的名门贵族，颇有势力的瓦列里乌斯·弗拉库斯所赏识，瓦列里乌斯推荐他进入政界，使他成为一位政治家。普鲁塔克的《希腊罗马名人传》中对他的描写很详细。下面我就参考普鲁塔克的说法，向读者简单介绍一下此人。

这个人是以加图之名而闻名的，但人们以前都叫他波尔基乌斯。在罗马，人们把有经验、学识丰富的人叫作加图，所以波尔基乌斯不知何时就变成加图了。

加图在乡下长大，住在"祖传的萨宾人的土地"上。他年轻时就擅长辩论，"他经常受附近村落或城镇之人的委托，帮助他们辩护。刚开始他只是一个热心的论客，后来逐渐成为家喻户晓的辩论家"。

他十七岁从军，正值"汉尼拔乘胜把意大利烧为灰烬"的时候。他在战场上勇猛善战，经常怒吼着攻向敌人，因为他深知这种气魄比武器更能吓唬阻止敌人前进。

他从战场上回来后，生活比以前更朴素，正是这种精神，被弗拉库斯所赏识，后来弗拉库斯把他送到罗马。在罗马时，加图仰慕实力派费边·马克西姆斯。普鲁塔克这样写道：

他（费边）是当时名望最高、权力最大的人。加图把他的人品及生活态度都奉为圭臬。对于当时年纪尚轻，却反对费边势力而被费边嫉妒的大西庇阿，加图也是毫无忌惮地反对。

加图一生都是大西庇阿的政敌。当大西庇阿到阿非利加，即将在扎马与汉尼拔展开决战时，两人的对立趋向表面化。大西庇阿的个性与加图的不同，他比较随性，对部下非常宽大，在支付军饷上决不小气。与他同行的财务官加图指责他的这种作风是在浪费公帑，并厉声责备大西庇阿太娇宠士兵，这样只会使士兵的士气低落。大西庇阿回答说，前线的士兵不需要凡事斤斤计较的会计官，他的任务是打赢敌人，不是计算金钱。

被他这么一说，加图气愤不已，于是返回罗马去向元老院控诉大西庇阿的不是。他说："大西庇阿浪费金钱，而且在角斗场或剧场里过着少年般放荡的生活。他实在不适合率领军队打战。我说他带兵打仗就像举行宴会一样混乱，他竟然大声斥责我。"于是元老院派护民官到阿非利加进行调查。

结果由于大西庇阿每战必胜，所以大家也就默认了他的"过失"。

从这些事情我们可以看出，加图比较顽固、注重纪律，属于计较型，但是，他年轻时磨炼出来的辩论术发挥了很大作用，加之生活作风朴素，于是他渐渐地得到世人的认可，慢慢地开始展现他的实力。

加图之所以能崭露头角，也是因为当时的罗马——尤其是打败迦太基之后——的风潮走向奢华、浪费、轻浮，罗马人的务实风气已经完全被改变。不管在任何一个国家，任何一个时代，战争都会使世间面貌完全改变。面对这种风潮，加图感到

异常痛苦。普鲁塔克说:

> 当时罗马成为大国,再也无法保持以前的淳朴了。由于罗马统治着许多国家,因此罗马国内各种习俗并存,各种生活方式不断被引进。在这种情况下,大家会对加图另眼相看,也是理所当然的。……根据加图的个人表现,他从没穿过价值一百德拉克马(货币单位)以上的衣服,即使当了法务官或执政官之后,他喝的酒也和奴隶喝的一样,晚餐虽然会从市场上买三十阿士(货币单位)的肉来吃,但这也是为了国家,是为了处理军务才必须把身体照顾好。

虽然如此,普鲁塔克对加图的这种个性和行为并没有加以赞美。不,应该说,普鲁塔克反而批评加图冥顽不灵,说他太过冷酷,责备他认为人与人之间只存在利益。

不过,对于加图的其他方面,普鲁塔克则给了不少好评。普鲁塔克说加图"克己之严,令人折服"。加图担任撒丁尼亚总督时,与前任总督的作风大不相同。他严于律己,对别人也很严格,因而"对当地居民来说,罗马的统治让人感受到前所未有的恐怖,却又令人敬服"。

当然,加图也因此树立了许多政敌。他经常被政敌告发,曾坐在被告席位上达五十次之多,但每次他都靠自己高超的辩才得以平安无事。被政敌告发的官司直到加图八十六岁才停止。他袒露心声说:"生长在另一个世代的人要向别人进行自我辩护,这并不是一件轻松的事。"

❖拯救罗马的监察官

在战后的罗马，这位顽强的政治家就相当于日本江户时代实施"享保改革"的将军吉宗，以及断然实施宽政改革的老中（江户幕府职种之一，辅佐将军，掌管全国政务者）松平定信的角色。根据普鲁塔克的说法：

> 加图让一般市民叫苦连天的是对奢侈之风的限制，但大多数人已经被奢侈之风所腐化，没有办法完全禁止。于是他采用了一个迂回的方法，规定不论是衣服、车子、妇女装饰用品，或日常生活需要使用的工具等，如果购买一种，价格超过一千五百迪纳厄斯（货币单位）的话，必须支付十倍的价钱，而且还要加上每一千阿士得征三阿士的附加税（十阿士等于一迪纳厄斯）。人们消费越高，就要缴更多的税。他试图通过重税政策，使那些生活奢侈的人眼看着与他们拥有相同财产而生活俭朴的人只交一点儿税，因此觉悟而改掉奢侈的习性。

这种政策当然不会受到市民的欢迎。反对加图的声音越来越大，但是加图依然在担任执政官的第十一个年头当上了监察官。所谓监察官，根据普鲁塔克的说法，"是所有荣誉的顶点，也是政治生涯的终点"。监察官掌握着绝对的权威，他的职责是"监察风俗和人们的私生活"。用现在的说法来说，罗马的监察官集最高法官和检察总长的权势职能于一身，是为了防止人们为追求快乐而破坏罗马固有的传统生活的"守门员"、"警告者"，也是负责惩罚的人。监察官从贵族和平民中各选出一名。因此，不管是多么有权势的元老，一旦被监察官发现有任何不法行为，都会被元老院除名，没有例外。

于是，加图"大声疾呼必须将政坛中不正派的人士剔除出去，国家必须进行大扫除"。平民出身的加图和贵族出身的弗拉库斯同时被选为监察官。

普鲁塔克对于罗马市民会推选出这么严格的政治家作为国家最高权力者的"伟大做法"表示赞赏。罗马市民在选择领导人物时的确非常高明，这也是罗马政治根基稳固的原因之一。后来罗马市民把加图的铜像立在神殿里，并在铜像上刻下如下铭文：

> 即将倾国的罗马，由于他当监察官，领导有方，思虑周详，以及对市民不断地进行教化熏陶，得以再次恢复正常。

汉尼拔于战败后执掌迦太基，打击罪恶，扫除不公，以强硬的手段实现了奇迹般的经济复兴。同样的，把战胜国罗马从享乐主义以及道德沦丧中拯救出来的，就是这位严格、永不妥协的执政官及监察官加图。不管是战胜国、战败国，在困难重重的战后负责掌舵的，一边是汉尼拔，一边就是加图。

加图最重视的莫过于罗马务实且坚毅的传统精神。他深信，对于打败迦太基、制服马其顿、征服西西里岛而成为一个大帝国的罗马来说，最需要的就是健康的风气以及加强倡导这种风气。因此他出来竞选监察官，结果当选。

加图最担心的是罗马市民，尤其是年轻的一代染上异国恶习，受外国文化熏陶而失去罗马人的文化自觉。说得直接一点儿，他担心罗马被希腊文化征服。很明显，加图认为罗马有罗马的传统文化，不能被希腊文化"污染"。

但是，放眼望去，他的周围已经充满了希腊的东西。罗马靠武力压制了希腊，但在文化上似乎反而接受了希腊的支配，因为任何一个罗马人都会注意到希腊文化。

曾经有几位希腊哲学家以使节的身份从希腊的雅典来到罗马，原因是有位雅典人在一次纷争中受到了不当的处置，他们来向元老院申诉。罗马的年轻人知道其中一位使节雅典哲学家卡涅阿德斯的大名，便团团围住他。用现在的说法来说，就是"外来的和尚好念经"。年轻人缠着这位哲学家不肯离去，他们都想听听卡涅阿德斯的哲学理论。

普鲁塔克写道："卡涅阿德斯的人品充满了魅力……大家对他的评语是名不虚传。由于卡涅阿德斯的声望很高，很多罗马人赶去听他讲哲学，所以在罗马市内引起了一阵骚动。"

罗马的年轻人比一般罗马市民对卡涅阿德斯更加抱着好感，每个人都全神贯注地听卡涅阿德斯演说。人们认为学习希腊知识是一件好事，尤其是年轻人，认为与其享乐，不如热衷哲学，这样才会受人欢迎。

只有加图对这种风气感到不悦，他在元老院责备政府官员说："我们应该尽快解决使节们的问题，让那些人（希腊的哲学家）回到他们的学校去，去跟希腊的小孩子说哲学吧！我们必须使罗马的年轻人像以前一样，听从法律和政府官员的命令才行。"然后他又用通神力的预言家的语气，大声地对自己的儿子说："如果罗马沉溺于希腊文化的话，国家就会灭亡。"

不过，这么保守、爱国、注重罗马传统、比谁都顽固的加图却晚节不保，给人留下话柄。这一点也是普鲁塔克说的。他说加图身体硬朗，一大把年纪了还亲近女色，而且喜欢亲近年轻女性。也许是因为妻子早逝，他甚至跟年轻的女奴发生性关系。事情被儿子发现，受了儿子无言的抗议之后，他竟然又强奸了自己部下的女儿。

这次加图的儿子再也沉不住气，激动地批评父亲。加图用慌乱的语气说："我是为了生更多的小孩，生更多像你这么优秀的孩子，而且，为国家培养优秀的市民是我的义务。"

❖ 罗马的两个大敌

话说战败国迦太基在这段时期里专注于战后复兴。虽然失去了海外领土，但贸易活动比战前更加活跃，迦太基人已经开始蓄积财富了。当然，战败后的痛苦仍然存在，最大的问题是，迦太基固有领土和邻国努米底亚的纷争一直无法了结。

根据迦太基与罗马订立的和谈条约，迦太基被迫放弃本国之外的所有领土，但是，不管在哪个时代，总会存在国境划分不清，造成一大堆问题的情况。就连按照自然环境，以河川或山岳那么清楚的界线当国界都会产生纷争，何况是平坦的地形，比如沙漠之类的地方。对于这样的地方，如果用人为的方法决定国界的话，两国的解释和主张肯定不同，难免会发生冲突，而且古代又没有精密的仪器可以测量。

战后不久，迦太基因为国界的问题与邻国努米底亚起了很多纷争。裁定两国国界的人是大西庇阿，他划分的国界比较含糊，因此，努米底亚以此为借口，随意地扩大自己的领土，一点一点地侵占迦太基的领土。

最早出现问题的是"加贝斯湾沿岸，肥沃的恩波里地区"，迦太基把这一带当作交易的基地，当时正好是利用最多的时候。

恩波里地区附近有个港口城市斯法克斯。从名字来看，这里可能与努米底亚王西法克斯有关。不管如何，对于加贝斯湾沿岸的几个港口，迦太基与努米底亚都坚持自己拥有主权，互不相让。于是迦太基向罗马的元老院请求裁决，而罗马并没有插手调停这一纷争。不，应该说，罗马实际上暗地里巧妙地做了安排。至少罗马有这个嫌疑。迦太基的经济奇迹般地复苏，而且比以前更积极活跃地在地中海扩张贸易，这对罗马来说绝对不是令人愉快的事。所以，别说出面制止努米底亚侵占迦太基的经济基地，也许罗马还想对努米底亚这样做予以奖励呢！

虽然没有确实的证据，但从罗马前后的动向看来，罗马很有可能从中煽动努米底亚王马西尼萨，经常指使他侵占迦太基的领土。罗马没理会迦太基的申诉，而任凭马西尼萨爱怎么做就怎么做，这一点可以作为证据。

不过，迦太基不断地请求裁定，面对这一情况，罗马也不能一直视若无睹，至少在形式上要派调查团到现场去了解实际的情况，而担任这个调查团团长的，不是别人，正是加图——当时已经八十一岁高龄的马尔库斯·波尔基乌斯·加图。

普鲁塔克记录了这件事情的来龙去脉：

> 加图被罗马元老院派到交战的迦太基和努米底亚处，原是为了调查它们不和的原因。马西尼萨本来就亲罗马这边，而迦太基自从败给大西庇阿之后，订下和约，丧失了海外统治权并背负沉重的赔偿金。但是，当加图到达迦太基之后，他看到这个国家并没有像罗马人想象的那样因遭受痛苦而处于劣势，相反，迦太基的壮年男子多，国库里堆满了各种财宝、武器和军需品，所以迦太基人生活得一点儿都不悲惨。因此，加图认为现在并不是罗马出面调停努米底亚人马西尼萨事件的时候，因为如果不赶快铲除罗马昔日的敌人，任由对罗马怀恨在心的迦太基继续以令人难以置信的速度发展壮大的话，罗马将会再次陷入危险的泥淖里。

罗马对迦太基令人瞠目结舌的经济繁荣保持警觉，这并不是第一次。根据一般的说法，加图是在公元前155年左右到达迦太基的。早在三十多年前的公元前187年，迦太基向罗马元老院照会，提出可以把五十年期限的赔偿金全部付清。这让罗马大吃一惊。罗马人认为五十年也还不完的巨额赔偿金，迦太基竟然依靠速度惊人的经济复苏，只用十几年时间就可以全部付清。

罗马拒绝了迦太基的照会。罗马认为不能那么轻易地让迦太基完成赔偿义务，从此逍遥自在，因为直到那个时候，罗马才警觉到迦太基强大的经济复原力。罗马上层统治者惊愕之余感到坐立难安。后来加图为了调停纷争来到迦太基，首要的目的可能是想亲眼看看迦太基的实际情况吧。

威胁到罗马的马其顿王国、叙利亚王国，都已被罗马制服，罗马人最怕的汉尼拔也已自杀身亡，罗马最后的不安，便是经济不断发展的迦太基了，而对此大声疾呼、警告大家要注意迦太基的威胁的人，就是罗马的老政治家加图。

这个保守的民粹主义者厌恶希腊文化，他经常挂在嘴边的话是，如果罗马人被希腊文化影响的话，罗马就会灭亡。他的这种想法在某种程度上的确说中了罗马正面临的问题，因为罗马的腹背同时存在着两个可怕的"敌人"。

一个是希腊的文化，另一个是迦太基的经济。罗马虽然靠政治和武力扩张势力，但是在其扩张的版图中，所到之处都深受希腊文化的影响。所谓的希腊世界已经把罗马团团围住——不，希腊世界的文化也已经渗入罗马内部。无论罗马怎么夸耀自己的力量，当时文化的中心依然不是罗马，而是雅典，所以，罗马的市民才会狂热地崇拜从雅典来的希腊哲学家。

在经济上，迦太基仍然占据着主导地位。前面提过的意大利历史学家这么描述道：

迦太基虽然因为战败而不得不接受对自己不利的结果，但是他们的经商势头却没有衰退。因为迦太基人在贸易上比罗马人更为机敏灵活，所以他们不在意战败后失去大国的地位，而是利用剩下的资源和经商知识，使商贸关系比以前更加密切。为了保持地中海的通商霸权，迦太基不断努力，最终掌握了中部非洲到地中海的全部的贸易活动。《罗马简史》

❖迦太基必须毁灭

加图对迦太基的经济能力抱着像对希腊文化一样的恐惧感，也是理所当然的。这个顽强的爱国人士目睹迦太基的经济如此繁荣，便急忙回国。根据普鲁塔克的记载，他在元老院做了以下报告，并且警告大家说：

"各位！我们必须注意迦太基了。对他们来说，战败虽然削弱了他们的国力，却除去了他们的无知。在战争中败北不但没有使这个国家力量衰退，反而使他们充分发挥从战争中获得的经验。迦太基人不断地把努米底亚人当作发生冲突的对象，其实是在向罗马人抗争。他们以前和我们订立所谓的和谈条约，实际上是为了等待再次爆发战争的好时机而搞的名堂。各位！我们必须小心谨慎地对待这件事啊！"

就这样，致力于经济和通商的商业国家迦太基，成为罗马元老院最有实力的政治家加图的心病——因为加图把余生的时间全部都花在如何毁灭迦太基上。普鲁塔克生动地描写了当时加图的行为，因为加图充分运用娴熟的辩论术，到处宣扬迦太基的危害。

他在元老院卷起衣袖，在讲台上故意把从迦太基带回来的新鲜的无花果扔在地上。人们看到新鲜的无花果都很惊讶，因为当时无花果大多以干货形式出售。加图说："从到处都看得到这种水果的地方到罗马，走海路只需要三天的时间。"这一方面表明迦太基距离罗马很近，另一方面也说明在农产品的种植上，罗马完全不及迦太基。

加图从年轻时就对农业颇有研究，还写了一部著作《农书》。他一向认为农耕才是"适合王者的一种乐趣"。把农业看作"王者的乐趣"的是苏格拉底，加图完全同意这位希腊哲学家的看法。

上品的无花果是迦太基所产的农产品中的佼佼者。在农业技术方面，罗马的确落后迦太基太多。加图参观了迦太基的果园和农田之后，一定捶胸顿足，感到懊恼不已吧！

于是，加图后来说了他的名言，那就是可怕的口号："迦太基必须毁灭！"

加图不停地到处宣扬这句话。当然，也不是所有罗马人都赞同他的偏激煽动。加图的政敌西庇阿·纳西卡（与大西庇阿和小西庇阿不是同一人）就提出反对意见，他说："应该让迦太基继续存在下去。"因为西庇阿认为，像迦太基这样靠自身努力而成为经济大国的国家应该存在下去，如此才会刺激罗马发愤图强。在任何时代、任何国家，一位政治家提出一种政见后，国内总是会出现反对意见。

然而，加图比西庇阿·纳西卡更拼尽全力地在罗马奔走疾呼，而西庇阿·纳西卡也没有加图那么固执。加图不断地重复这个提议，最终得到了罗马大众的认同，这也决定了通商国家迦太基的命运。

第十二章

最后

最期

❖ 从猜疑到确信

军事大国罗马对于再次跃升为经济大国的迦太基感到焦躁不安。汉尼拔战争后,战败国迦太基虽然被迫无条件投降,战后却创造了经济繁荣的成果。反观战胜的罗马,战后不管在财政上还是贸易上,都出现了庞大的赤字和逆差。

这到底是怎么一回事?罗马要为迦太基心烦到什么时候?战胜国受苦,战败国却在享受,这种事情谁受得了?

在罗马元老院这样大声疾呼、义愤填膺的加图,最后能得到多数人的支持也是必然的。

要给罗马留条生路,只有一个办法:消灭迦太基。加图不断地大声疾呼的口号"迦太基必须毁灭",最终成为罗马的基本方针。但是,要怎样才能把这个经济大国消灭掉呢?迦太基对罗马并没有抱着敌意,不但如此,还如期支付赔偿金,两国的通商关系也越来越密切。迦太基现在还是罗马最忠实的"同盟国"呢!迦太基认真履行条约,而迦太基的元老院成员几乎都是亲罗马派。

罗马不管这些,依然用猜疑的眼光看待迦太基,猜疑中包含着因迦太基的繁荣而产生的羡慕、嫉妒、不安、愤怒、憎恶等所有的情绪在内。渐渐地,这些情绪影响了罗马对迦太基的态度,使罗马国内出现了一种论调,即迦太基威胁论。

罗马人心中没有忘记打了十多年、受尽煎熬的汉尼拔战争所带来的痛苦记忆,"勿忘汉尼拔"的舆论,最后变成"迦太基必须毁灭"的共识，因为迦太基再次拥有凌驾罗马的经济能力后，不知道什么时候会再出现第二个汉尼拔。

本来罗马人很难理解迦太基人精明、狡猾的个性，说迦太基人是为了赚钱不择手段，只知辛勤工作，不知享受人生的工蜂。事实上，不只罗马人这么认为迦太基人，希腊人对迦太基人的印象也是如此。罗马人认为，这样的人一旦有了钱，不知道会做出什么事来。

渐渐地，这种猜疑变成了确信。罗马一直在等待扼杀迦太基的机会。

❖再次宣战

很快，动手的机会出现了。迦太基因邻国努米底亚不断侵占领土，最终按捺不住，动用军队跟努米底亚的马西尼萨对决。

汉尼拔战争结束时，迦太基被迫全面解除武装，只保留保护自己的自卫队。这一次，迦太基为了自卫，派哈斯德鲁巴为司令官讨伐努米底亚。

这给了罗马一个绝佳的借口，因为即使为了自卫动用军队，迦太基也必须与罗马"事先协议"才行，而迦太基没有这样做。

我们在前面说过，努米底亚王马西尼萨不断侵占迦太基的领土，可能是罗马在暗中动的手脚。罗马教唆马西尼萨，硬是把违反条约的责任推到迦太基身上。事实上，迦太基挺无辜的。有一点可以证明，那就是迦太基曾经向罗马元老院控诉努米底亚的不法行为，但罗马元老院把迦太基的控诉当作耳边风，根本没有设法解决，只在形式上派调查团去看看，实际上调查团的目的，与其说是调解纷争，不如说是去侦察迦太基的国情。

迦太基征伐努米底亚的阵容非常庞大。根据古罗马历史学家阿庇安的记载，哈斯德鲁巴麾下有步兵两万五千人，骑兵四千人，而马西尼萨军队的主力是骑兵六千人。日后歼灭迦太基的罗马年轻将军小西庇阿（击败汉尼拔的大西庇阿的养孙）当时从西班牙调了战斗用的大象到马西尼萨的阵营中，正好目睹了两军决战。后来，小西庇阿说，观看这场会战，就像观看特洛伊战争中的朱庇特（罗马人说的朱庇特即宙斯）和波塞冬打战一样。

这场战斗，马西尼萨取得了压倒性的胜利。马西尼萨虽然八十八岁高龄，仍然骑上无鞍的马匹指挥全军作战。被追得走投无路的哈斯德鲁巴最终跟马西尼萨约定每年支付赔偿金五千他连得，才得以解除危机，但是迦太基的大部分军队已经开始呈现出崩溃灭亡的态势。

这一战可以说要了迦太基的命，因为这等于给了一直等待攻打迦太基的罗马元老院一个很好的借口。未经"事先协议"，迦太基就动用军队，没有罗马的许可就去攻打努米底亚，迦太基不是明显违反和约的规定了吗？罗马便如此提出抗议和要求。如此一来，把经济大国迦太基从地球上永远灭掉的最后决战——第三次布匿战争，便在罗马和迦太基之间展开了。

罗马认为迦太基对马西尼萨的"应战",是在向自己"挑战"。马西尼萨把儿子古鲁萨送到罗马,让他向罗马报告说迦太基已经在进行对罗马作战的准备。如此一来,罗马元老院更加紧张,立刻宣布进入备战状态,并从意大利全境召集士兵组成陆军,集合船队,枕戈待旦。宣战,只是时间问题了。

迦太基元老院得知此事后十分惊愕,决定处分动用军队的负责人哈斯德鲁巴将军及其副手,并派特别使节到罗马,说明整个事件的原委。阿庇安对罗马与迦太基的外交谈判有详细的描述,在此次交涉中,罗马充分表现了其冷酷的一面。

对于一直努力解释的迦太基使节团,罗马元老院议员只回了一句:"罗马必须看到满意的处置。"

要怎么做才能让罗马元老院满意呢?迦太基使节弄不清罗马到底是希望增加赔偿金,还是希望迦太基能将与马西尼萨纷争的土地让给努米底亚。

所以,迦太基再次派出新的使节,希望罗马能明确提出他们真正的要求,但罗马的回答非常冷淡:"关于应该怎么处置,迦太基应该很清楚。"事情发展到这个地步,已不再是迦太基与罗马进行交涉,而是罗马胁迫、恐吓迦太基了。

就在此时,位于迦太基西侧的迦太基海上重要的贸易基地,也是绝佳的军事基地的港口城市乌提卡,明知道迦太基正受罗马的恐吓而不知所措、狼狈不堪,却向罗马提出愿意全力支持罗马。

只要能拉拢乌提卡,罗马就能非常容易地击败迦太基。罗马充满自信，立刻向迦太基宣战，同时派遣罗马舰队前往阿非利加。罗马的海军总司令是马尔西乌斯·肯索利努斯，陆军指挥官是马尼利乌斯，两人密切配合，使罗马的八万步兵、四千骑兵毫发无损地登陆乌提卡。

接到突如其来的宣战消息后，迦太基陷入手忙脚乱的状态。赶回国的使节报告罗马军队已经在乌提卡登陆的消息后，迦太基的国民跌入了绝望的谷底。要怎样才能对抗强大的罗马军呢？跟努米底亚作战已经损失了大半兵力，汉尼拔战争结束后所签订的和约规定迦太基不能拥有任何船只，迦太基当时在军事上可以说处于赤手空拳的状态；而且，也没有同盟能帮忙；如果选择关起城门来抵抗，又没有做任何准备。剩下唯一可走的路，就是派谢罪使节团到罗马，乞求罗马的原谅。

最后，迦太基的使节团抱着愿意接受任何要求的决心来到罗马，但是，罗马元老院提出的条件实在太苛刻了。罗马要求迦太基除了解散自卫队，交出军事物资之外，还要在三十天之内将三百名贵族子弟交给西西里岛的罗马官员作为人质。如果迦太基同意这些要求，罗马就允许迦太基存在。然而，对于如何保证人质的人身安全、何时遣返人质等事宜，罗马并没有说清楚。

迦太基除了吞下这枚苦果之外，别无他法。三百名贵族子弟立刻被送到西西里岛。阿庇安描述了三百名人质的父母送船的情形，咬住船员不让孩子被带走的母亲、跳入海中追赶船只的父亲，等等，整个港湾内一片悲惨的景象。

❖ 冷酷的强制

作为人质的孩子们被从西西里岛送到罗马。迦太基并没有注意到这个要求只是一个借口，因为西西里岛的罗马官员告诉迦太基的交涉团成员，迦太基要想避免战争，就必须到驻守在乌提卡的罗马司令部处去接受新的条件。被逼得走投无路，觉悟到必须"宁为玉碎"，作绝望抵抗的迦太基，和占压倒性上风的罗马军，展开了史上罕见、战况凄惨的第三次布匿战争。与前线指挥、罗马司令官小西庇阿同行的历史学家波利比乌斯目睹了部分战斗，记下了一些片段，而对这次战争进行详细描述的则是我们在上文中提到的阿庇安。

他参考当时波利比乌斯的记录，生动地描写了罗马军攻打迦太基城的情景。罗马军杀到迦太基城的城墙边，用破坏锤将城墙敲掉一角，把坚守迦太基城的军队——说是军队，其实只是一些包括妇女、老人、小孩的市民而已——赶到神殿并处死了他们。

引发现代人关注的不是迦太基与罗马之间的战斗情形，而是军事大国罗马如何运用各种手段，逼得经济大国迦太基走投无路后打了一场毫无胜算的战争，然后将迦太基从地球上铲除掉的整个过程。

汉尼拔战争时，在扎马决战战败的汉尼拔接受大西庇阿开出的投降条件的同一地点，罗马军设立了司令部。附近的乌提卡港，停满了罗马的军船，现在地中海的制海权已经完全被罗马所掌握。

当迦太基的代表团来到乌提卡的时候,罗马元老院的议员在护卫兵的簇拥下高傲地坐在高椅上,四面军旗林立,对迦太基的使节来说极具威慑力。接着号角吹响,罗马方指示迦太基代表团前进。罗马元老院议员说:"首先,我要听听你们的说辞。"

于是,迦太基代表团辩白道:

"我们已经放弃了以前拥有的海陆领土,失去了在地中海的一切权力。我们把所有的军舰都交给你们了,之后再也没有造过一艘军舰,也没有再饲养战斗用的大象,而且将很多贵族子弟送往罗马当人质,也如期支付了赔偿金。迦太基忠实地履行了上次战争结束时所签订的和约规定,当时那个世代的罗马人都感到非常满意。从那以后,两国在这个和约下友好相处,并结下同盟。

"你们罗马人说迦太基违约。我们到底违反了和约中的哪一项规定?你们什么也没说明,就突然决定开战;你们没向我们宣战,就让军队在阿非利加登陆。你们是认为我们支付赔偿金不够积极,还是认为提供船舶和大象有所延误,还是对你们不够忠诚呢?

"也许有人会说,你们不是跟马西尼萨打仗了吗?的确,我们对努米底亚之事是有所准备,但是,这件事的责任在于马西尼萨掠夺了我们的财富。即使如此,我们也尽可能地忍耐。马西尼萨不管这些,一点一点地侵占我们的领土,他的这种令人无法容忍的暴力行径,才是致使我们做出破坏和约规定的主因。

"如果这是你们对我们开战的理由,我们会把与马西尼萨开战的责任者处决,并且派使节到罗马加以说明。之后,我们会接受你们开出的任何条件。所以,请至少给我们三十天的时间来处理。"

听到迦太基代表团这样辩解,肯索利努斯站了起来,回答道:

"现在还有必要一直重复我们的宣战理由吗?我们要说的,你们不是在迦太基使节团到罗马时从元老院那里得知了吗?你们刚才说我们虚伪,说再多都会被我驳回去。宣战已经公布得很明白了。而且,我要在乌提卡这里说清楚,人质之外的条件,早就在西西里岛向你们说过。

"如果迦太基内心深处期望和平的话,为何还需要武力呢?来吧!现在马上投降,把你们准备好的所有武器都交出来吧!"

迦太基代表团立即反问肯索利努斯:"如果哈斯德鲁巴叛乱,攻向我们,那我们该怎么办?"

罗马元老院的议员说:"这个交给罗马军来负责,我们已经跟他说好把武器交给我们了。"

事实上也是如此。罗马军当时已经缴获了哈斯德鲁巴麾下的迦太基军队的盔甲,无数的标枪、投箭,以及两千张弓也运到罗马阵营中。

罗马总司令肯索利努斯斜眼看了看这些武器后，最后宣告道：

"迦太基人啊！人质与武器的上缴到此已经完成，我们对此也没什么可以说的了，但是还有尚未交代的一个条件，希望你们能冷静地服从命令：迦太基必须把居住地向内陆最少迁移十里，因为我们已经决定要把迦太基的城市整个连根拔起。"

❖ 迦太基的辩解

这是多么冷酷无情的要求啊！迦太基代表团成员听了之后惊愕万分，手抓头发，痛哭了起来。他们悲叹的情景，令人不忍卒睹。世上还有比这更悲惨的事吗？

罗马人虽然被迦太基代表团成员的狂乱举动吓了一跳，但还是静静地等待他们停止情绪化的举动，因为罗马人很清楚陷入绝望境地的人会不顾一切地做出疯狂的事来。

迦太基代表团成员捶胸顿足叹息不已，最后还是恢复了平静。他们当然了解迦太基赤手空拳的现状。他们应该怎么面对罗马的无理要求呢？他们哪里还有武器，哪里还有船只？

迦太基现在手无寸铁，被罗马团团围住，背后还有马西尼萨军的攻击。最重要的是贵族子弟被扣压为人质，迦太基没有同盟军。就连士兵都所剩无几了。迦太基代表团把最后的希望全部寄托在对罗马动之以情上。迦太基代表团必须开口，以引起罗马的正义感，让罗马撤回这个要求。

迦太基代表团中的班诺·提吉拉斯鼓起勇气,要求再次发言:

"我们迦太基人以前是非洲北岸和整个地中海的主宰者,一直与你们罗马争夺地中海的霸权,但自从败给大西庇阿之后,我们放弃了一切,上缴了战舰和大象,也停止所有的军备添置,而且如期付清赔偿金。我们不是已经尽到责任了吗?从那以后,罗马与迦太基结下友好关系。希望你们能回想我们一起向神发誓愿结为同盟国的事。

"我们没有违背和约中的任何一项规定。我们哪有军舰?什么时候饲养过战斗象?不仅如此,我们还加入罗马一边,参加反击侵扰罗马的三个王国的战争。我相信罗马人的个性和守法的习惯。你们已经明言,只要我们交出人质,就会允许迦太基存在。可是,你们现在又说要把迦太基连根拔起。这是违反约定的呀!

"你们说会给我们其他的居住地。如果有心如此,我希望你们能把迦太基城的市中心给我们。迦太基城是我们按照神的指示修建的都市,希望你们不要从我们这里抢走这份荣耀,也不要挖走死者的坟墓。这些一点儿也伤害不到你们。对我们来说,最重要的是保留城市的广场、神殿,以及从很早以前一直住到现在的生活空间。

"如果要我们远离海洋,那么靠海洋生活的人要怎么办呢?

"从希腊开始,很多国家都经历过战火。罗马人啊,你们也经历过许多战争,我没有听过对方在战斗之前就愿意投降,却还要把对方的城市彻底毁灭的例子。我们希望罗马不要破坏了以往的公平规矩。

"如果你们执意要破坏迦太基城的话,至少让我们再次派使节到罗马来。你们的确会因此晚一些达到目的,但对你们来说,让我们再次派使节到罗马来并不会造成什么障碍。怎么样？希望你们站在人道的立场上来考虑今后的做法。"

❖申诉被驳回

肯索利努斯听着迦太基代表恳切的申诉,严肃的表情一点儿也没改变,丝毫不肯退让。他当然会如此,因为罗马从一开始就打算把迦太基彻底毁灭。

为什么呢？因为罗马太惧怕迦太基的存在了。不是怕迦太基的武力侵犯,而是怕迦太基的经济侵略。敌视迦太基的罗马元老院背后,当然有罗马的商人或金融业人士在支持。如果放任迦太基不管,罗马的财产就要全部被迦太基人夺走了,更何况经济大国不知何时会变成军事强国,所以危险的芽苞必须及早被摘除。

最重要的是必须封锁迦太基的经济活动,而要抑制迦太基的通商活动,就必须把迦太基城这个港口城市给铲除。这才是罗马的企图。

肯索利努斯为罗马的企图做了以下解释:

"我没有必要在此重复元老院的命令。宣战布告一经发出,就必须付诸实施。我们没有权力让元老院的命令延期。我们并无意与你们为敌而动用武力。如果能够的话，我们可以商谈后再决战。

"关于我们的要求，我要说明一下理由，也就是有关海的问题。说到海，会令你们想起以往在地中海的统治。海误导了迦太基，使迦太基陷入如此不幸的深渊里。海使你们入侵西西里岛，所以现在才会面临被毁灭的命运。你们好好地听着，海就像商人的利益一般，今天赚大钱了，第二天却赔得光光的。海就是这么回事。……海带来了灾难。

"比起海洋生活，内陆的生活就好得多。那里有务农的愉悦，生活安静又安定。或许从农产品上所得的利益没有做生意来得多，但是，通过种植农产品来积攒金钱更稳定、更安全。实际上，海上贸易都市就像船，摇摆不定，我认为它们远不及平稳的内地来得稳定。对，海的城市就像船在波涛中摇晃，迟早会掀起人生的大波澜；内陆的都市受大地保护，能享受安稳的日子。所以，自古以来，大国的都城都设在内陆。亚述如此，波斯也是如此。其他的，实在是不胜枚举。

"如果迦太基真心想与我们罗马人和平相处的话，你们就应该以拥有阿非利加内陆的土地而满足。你们应该用行动来表示诚意。不管怎么说，反正你们必须迁到阿非利加内陆。总归一句话，放弃海洋吧！你们以后也别想掌控海权，把海交给罗马吧！

"虽然我们说要破坏你们的城市，但不会连坟墓都挖掉的。如果有人愿意扫墓，我们也会接受。如果你们想给寺庙供祀祭品，我们也能同意，但其他的东西，我们全都要毁掉。你们不是可以在新的内陆居住地重新修建广场或寺庙吗？

"我再重申一次，罗马处理这件事绝不是出于恶意，而是基于双方共同的安全考虑。你们说如果移居内陆，靠海生活的人就会产生困扰的情况，我们也充分考虑到了。我们也不是要求你们迁到离海很远的地方，只说至少要离岸十里。如果你们想在海上交易，这个距离比较短，你们也能很快到海边。只要你们退到这个位置，要住哪里随便你们。如果住处决定了，你们就可以按照迦太基的城市规定，在那个城市自由自在地生活了……"

❖从地球上消失的国家

以上我们根据阿庇安的记载，详细介绍了第三次布匿战争前夕罗马和迦太基双方的主张。当然，我们没有办法证明在真实的历史中，双方就是按照上面所述的内容进行商议的，其中或许掺入了阿庇安的推测或历史观。不过，我们至少可以从这份文献中了解到，公元1世纪末生活在罗马帝政时期的历史学家对第三次布匿战争的观感，而且也能够知道罗马人的政略、外交、战术、生活观和世界观，甚至是他们的心理。

罗马与迦太基的对决，是军事大国与经济大国之间的冲突，也是政治国家与商业国家之间的较量。双方的说辞充分表现了罗马总司令肯索利努斯和迦太基代表班诺·提吉拉斯所提出的主张。

三次布匿战争的看点,不在于罗马和迦太基如何打仗,而在于两个国家的交涉过程。罗马的主张和迦太基的立场发生冲突,也可以说是政治力学和经济观念相克的例子。

迦太基当然无法接受肯索利努斯的说辞。代表团回到迦太基后立即召集人员商议如何应对罗马的要求。罗马的这种要求,对任何一位迦太基市民来说,都是不可能接受的。迦太基一再让步,使得罗马得寸进尺,进而向迦太基下达这种命令。迦太基市民个个愤怒不已。

说什么必须迁到内陆!说什么要将迦太基连根拔起!这不就等于说迦太基必须灭亡吗?反正死是难免的,那何不"宁为玉碎",战到最后的一兵一卒呢?这种对罗马的愤恨不平使迦太基的市民们团结在一起。市民们决定困守城池,疯狂般地准备作战。

被判处死刑的哈斯德鲁巴又被取消判决，负责从外侧防卫迦太基，市民则夜以继日地制造武器，女人们也剪下头发，交出去制造箭弩。罗马的三十天期限，是他们最后的时间。

如此一来，最后的决战便开始了。阿庇安对这场战斗也有生动的描写。这场战争与70年犹太人在耶路撒冷被罗马将军提图斯包围后决死抵抗的犹太战争相比，其壮烈程度一点儿也不逊色。

从一开始我们就知道这场战争的结果，罗马为了攻陷顽强抵抗的迦太基，持续攻打达三年之久，最后迦太基被消灭了。

迦太基城陷落后，焚烧的大火持续了十七天，听说烧完之后灰烬有一米深。罗马军铲开这些灰烬，将盐撒在上面。就这样，繁荣了近七百年的迦太基整个从地球上消失得无影无踪。

第十三章

教训

教訓

❖从历史中学到什么

学习历史的目的，是从历史中学到东西，因为我们再怎么复原过去的事情，把它记在脑海里，如果这件事与现代的我们没有什么关联的话，这些努力就会变得毫无意义。历史的意义正在于"过去能给现代什么启示"。

当然，为了达到这个目的，我们必须抱持客观、忠实于历史的态度，把过去挖掘出来，因为对事实的错误认识，只会造成错误的判断。历史学家从史料中得出结论时，总是提醒自己不要臆断和随意增加史料的意义，因为他们担心不客观的态度会歪曲史实。

认识历史的最后目的在于如何解释过去。如果忘记或放弃这个观点，历史只会变成一些陈列在一起的事实罢了，我们也无法从历史中学习到任何东西。历史，可以说是人类经验的累积，能从这些经验中学习到东西，并善用这些经验的人才是聪明的人。

我们必须对两千多年前灭亡的经济大国迦太基的命运进行重新反思，它的命运不只是过去的史实而已，还是一种教训。我们从迦太基的灰烬中学到了什么？得到了什么？我重新把这些问题放进脑海里，决定造访这部古代戏剧最后一幕的舞台。

前面说过，迦太基城燃烧了十几天，所有的东西都烧成了灰烬，灰烬深达一米。迦太基一味地专心做买卖、存钱，最后成为经济大国，但也因此遭到罗马的嫉恨，最后国灭城毁。

迦太基造成罗马的不安，引发罗马的憎恶之心，最后在这个军事大国的血祭中国灭城毁。迦太基一共存在了近七百年，在近七百年的时间里，迦太基并不是一直过着安定的生活。迦太基商业的扩张在各地引起了纷争，这些纷争最后发展成迦太基与罗马之间的对决。

纷争的原因，全都是经济上的利害冲突，可以说是追求财富造成的。也正是这个原因，迦太基和罗马发生了三次战争，最后一次战争使迦太基从地球上消失。

决定迦太基命运的，可以说是它对财富贪得无厌的追求，但也不全是这个原因。擅长交易、商业能力出众的迦太基，只有一件事没做好，那就是它根本不想从过去的经验中学习一些东西，且没有吸取历史的教训。

三次布匿战争就是最好的证明。迦太基和罗马作战根本没学到什么，迦太基的战术也许进步了，但它没有寻找出一条避免战争、继续繁荣的道路。因为他们根本没想过自己国家的经济利益会引起他国什么反应，又会造成什么样的结果。

第一次布匿战争从公元前264年开始，打了二十四年；被称为汉尼拔战争的第二次布匿战争从公元前218年开始，持续了十七年；第三次布匿战争，发生在公元前149年，激战三年的结果是迦太基最终被毁灭。

罗马在这段时期牢牢地吸取了历史的教训。对经济大国迦太基，罗马最初只要求苛刻的赔偿金，后来强迫迦太基无条件投降，最后又采取残忍的手段将迦太基灭亡。因为再怎么打击迦太基，迦太基的经济都能奇迹般地复苏，再次威胁罗马的生存。罗马怕的不是迦太基的军力，而是它的经济实力。罗马再怎么靠军事扩展疆土，最后都会被迦太基的经济市场吞噬，使罗马从根本上崩溃。这种恐惧和气愤，最终决定了迦太基的命运。

❖迦太基的最后六天

迦太基最后的结局异常凄惨。在小西庇阿的指挥下，罗马军把迦太基人赶到比尔萨山丘，将他们全部包围。十万迦太基市民誓死抵抗。没有舰队，也没有武器，几乎赤手空拳的迦太基竟然跟罗马对抗了三年。对此，阿庇安感到惊讶不已。饥饿和疾病比罗马的攻击更让迦太基人倍感煎熬。有人推测迦太基城原有二十万市民，死了一半，剩下的生者大都处于半死不活的状态。即便如此，迦太基也没有放弃抵抗。最后，灭亡的时刻到了。

罗马军不断缩小包围圈，最后终于攻破城墙一角，接着攻破了第二道城墙。从那里拥进的罗马士兵，所到之处，格杀勿论，最后追击到设在比尔萨山丘的城寨。下面我再借用一下阿庇安的描述：

> 从城市的广场到山丘有三条路，每一条路的两边都盖满了六层楼的房子，市民们从这些房子里面向罗马士兵扔砖块和石头。过了几个小时之后，罗马士兵占据了建筑物的一角，

并以那里为基地,一间间地破坏相邻的房子,以压制迦太基人的反抗。罗马人在占领的两侧房子中间像架桥一样架上板子,不论是在屋顶、地上,还是狭窄的路上,只要见到人,一律格杀勿论。

大街小巷里充满了人们悲鸣、惨叫、呻吟和痛苦的声音。这犹如地狱般的惨状,真是令人无法想象。然而,这些还只是序幕而已。接着,罗马士兵四处放火,火焰无情地吞噬了这些并排的街市。大火很快蔓延开来,被烟呛到、身子着火而逃到屋外的市民,不管是老人、小孩或妇女,都被罗马士兵用剑刺死;逃回自己家中被烧死的市民,更是不计其数。

狭窄的道路马上堆满了尸体。罗马的工兵队用斧头、镐、勾子等东西,把这些死者都铲到水沟里,以清扫地面。接着,罗马军队通过这里。再也没有其他的屠杀像这个城市所遭遇的那样令人不忍目睹。

阿庇安虽然细致地描写了当时的情景,但迦太基最后六天的惨状,他并没有记录,这就交给后人去想象了。

迦太基十万市民有一半被杀掉了,剩下的五万人逃到比尔萨山丘的城寨里,被困在那里。现在不是投降,就是宁为玉碎,除此之外,别无他途。罗马军紧追不舍,指挥迦太基军队——其实这时已经不能再称为军队了——的哈斯德鲁巴,最终听天由命,向罗马投降。阿庇安这么写道:

觉悟到无法再抵抗下去的哈斯德鲁巴举着橄榄枝(与举白旗同

义),偷偷地来到西庇阿的阵营投降。西庇阿命令哈斯德鲁巴跪下,并将他押给拒绝投降的迦太基人看。迦太基人看到之后,对哈斯德鲁巴破口大骂。随后,他们放火焚烧神殿,个个跳进火中自焚而亡。火势开始蔓延的时候,哈斯德鲁巴的妻子让自己的孩子站在身边,当着西庇阿的面大声责骂丈夫:"你这个不知廉耻的卖国贼,没有骨气的男人!我和孩子们会光荣地葬身于神殿的火焰中,而你这个迦太基的领导人,你准备用这种姿态来装饰罗马的胜利吗?你以为你跪在那里,就不会受到那个男人(指西庇阿)的处罚了吗?"说完,她亲手把小孩丢进火中,自己也消失在神殿的火焰中。

❖被诅咒的土地

战斗——不,应该说是屠杀——结束了,但是,毁灭迦太基的大火,夹杂着令人恐惧的声音持续燃烧着,当时迦太基城内一定是一片死寂的沉默。阿庇安写道,面对持续燃烧的大火,小西庇阿不禁流下眼泪,为即将灭亡的敌人的命运哀悼。

小西庇阿沉默了一阵子。他可能在感叹盛者必衰的命运吧!曾经盛极一时的特洛伊、亚述帝国、米底亚王国,还有波斯及最近的马其顿,不都跟个人的命运一样,注定要衰亡和毁灭吗?小西庇阿口中不觉念出荷马的一段诗:

"总有一天,那个日子终会来临。特洛伊,特洛伊王普里亚摩斯,以及他带领的士兵们消失得无影无踪的日子,终会来临……"

根据当时在小西庇阿身旁的波利比乌斯的说法，小西庇阿用这样的命运来比喻自己的国家罗马。

经济大国就这样完全从地球上消失了，时为公元前146年。战争结束后，五万迦太基人随哈斯德鲁巴向罗马军投降，但几乎全为老人、小孩和妇女。小西庇阿不是将他们处死，就是让他们当奴隶，简直是史无前例惨绝人寰的做法。

即使这样，罗马元老院仍然不放心。罗马元老院派了十位议员到迦太基，为了免去后顾之忧，和小西庇阿商议今后如何处置阿非利加。十位议员命令小西庇阿"不可使迦太基留下一草一木"，指示他必须完全破坏、完全歼灭迦太基。他们用锄头挖开堆积在地面上的灰烬，然后在地上撒下盐巴，这是为了不让迦太基再次复活，不让农作物在此地生长而举行的诅咒仪式。

仪式结束后，元老院的议员宣布说："不准任何人住在这块土地上……如果有人住在这里，他们必受诅咒。"又宣告说："亲迦太基的都市，全都要被破坏无遗。"他们准备斩断所有的祸根。

从这些残忍的处置来看，罗马是多么惧怕迦太基的经济实力呀！

另一方面，罗马对于支援罗马、发誓对罗马忠诚的城市，都慷慨地分给他们土地。向罗马提供军事基地的乌提卡和希波·迪亚里图斯（即今比塞大），都得到了原属于迦太基的广阔土地作为报酬。小西庇阿处理完这些战后工作后凯旋罗马，并集空前的荣誉和报酬于一身。

这是多么光荣的事啊！他向打败汉尼拔的第二次布匿战争的英雄，应该算是他祖父的大西庇阿看齐，也得到了"阿非利加的征服者"的封号。

被称为"地中海女王"，靠经济能力称霸一时的国家，竟然被消灭得寸草不留，很大原因在于迦太基的经济活动，在于迦太基人对财富贪得无厌的追求。迦太基的母国只不过是突出于地中海的一个小小的邦角而已，这么小的国家竟然独占了世界的财富——与其说罗马对迦太基抱着恐惧的心理，倒不如说罗马对迦太基心存怀疑，无法忍受。

为什么迦太基人善于做生意？为什么他们能不断地占领各地市场？罗马人认为这是因为迦太基拥有地利之便，迦太基占领的土地才是重要原因。也许罗马除了这么想之外，再也找不出其他原因，所以才会认为必须把迦太基毁灭掉。罗马元老院之所以决定要把迦太基城里的所有东西都烧掉，把那里变成"受诅咒的土地"，不让任何人再利用它，也是基于这个观点。

从现代的眼光来看，罗马给迦太基下的"最后通牒"，并不是突如其来的。罗马提出的"只要退到内陆十里的地方，都市要建在哪里都可以"的要求，并不是那种令对方生气、逼迫对方的无理难题。罗马人一直深信迦太基所占的"地点"才是威胁双方和平的因素。这一点可以从我在前章中详细介绍过的罗马司令官肯索利努斯与迦太基代表班诺之间的交涉中得到佐证。

如果罗马为了迦太基拥有财富而生气，那么与其灭掉迦太基，倒不如采取更高明的方法去操控迦太基，令迦太基人为罗马人工作，并对迦太基人课以重税而获得利益就可以了。或者，罗马取代迦太基，占领那块土地，充分利用地利即可。

可是，罗马并没有这么做。罗马在迦太基城立了一块"禁止进入"的石碑，不准任何人利用这块土地。罗马怕的，其实是迦太基这块"受诅咒的土地"。

那么，这块禁忌之地后来怎么样了呢？阿庇安最后加上了引人入胜的"补注"。

迦太基灭亡二十三年之后，罗马的护民官盖约·格拉古（小西庇阿的义弟）在罗马小麦歉收、全国骚动的时候，决定在阿非利加开拓农业，设立殖民地，便派了移民团六千人来到迦太基城附近。负责开拓的人虽然划分了农地，界线的标识却被野狼啃掉了，没办法定案，他们只好拔营回国。

之后又过了数十年，恺撒追击格涅乌斯·庞贝·尼阿斯到阿非利加，在迦太基遗迹附近扎营。听说当天晚上恺撒梦到全军都在哭，于是他决意在迦太基殖民，建立新的都市。恺撒把这个想法写进了自己的备忘录。阿庇安指出，直到恺撒在罗马被暗杀，人们发现他的备忘录之后，迦太基才被重建。为了避免迦太基作祟，新都市建在离原来的地点稍远的地方。

从这些轶闻中，我们可以充分地了解到罗马是多么惧怕迦太基这块"地"，多么想诅咒它。

❖迦太基繁荣的原因

"地点"的确是命运的指标。一个民族选择什么样的地方当作生活的据点,决定了那个民族的历史。如果迦太基不是隔着西西里岛与意大利半岛相望的话,可能不会成为罗马的宿敌。非洲地中海沿岸有无数的良港,如果迦太基人把迦太基城建在靠西边一点儿的话,整个古代世界史又是另一番景象了。

或者,迦太基遵从罗马总司令肯索利努斯的命令,不住在海边,移往内陆定居,成为一个农业国家,这样也不会招致他国的羡慕或憎恨。实际上,勤奋又有才能的迦太基人下过功夫学习农业技术,使迦太基的农业得到了蓬勃的发展。一位历史学家这样描述道:

迦太基人从农耕或农业生产上获得财富,这不仅受惠于地理条件,也是他们热心研究农业技术的结果。希腊人和罗马人都知道学习迦太基人写的有关农耕和育种的书籍,也常常引用它们。其中最有名的是马戈的著作,一共二十八卷。马戈的著作还被译为希腊文和拉丁文。马戈不仅撰写农作物或果树种植、家畜饲养方面的著作,他对农业技术也深有研究。

如果马戈的著作被完整地流传下来,我们就可以充分地了解迦太基的农业发展状况。很可惜它们散失了,我们无法得知迦太基人如何酿造葡萄酒和榨橄榄油,但无论如何,他们的确拥有先进的农业技术。(J.杜丹,《古代世界的经济生活》)

依靠先进的农业技术，迦太基生产出了丰富的农产品，不仅能充分满足国内的需求，还能对外输出一些农产品。

迦太基的制造业也很发达，其中最出色的是受母邦推罗之托造船。迦太基的造船技术堪称世界第一，关于这一点，我们可以从他们留下的船坞的规模就可以看得出来。

他们从阿非利加（也许是阿特拉斯山地）砍伐造船所需的木材，制造绳索的原料则从西班牙获得；他们生产大量的金属制品，如斧头、锤子、刀、铗子、铁锹等；他们用贵金属制作出来的精美工艺品，如装饰品、纪念章等，也深受他国人民喜欢，不过，他们向国外输出的主要商品可能是陶器；他们把水瓶、洗脸盆、壶、酒杯、盘子、碗、灯等日用品源源不断地装到船上，运到地中海各地去卖。

这些制品并没有多少独创性，其中大部分都是模仿埃及和希腊的制品制造的。不过，迦太基人的功绩在于，他们能够制造出大量的更加便宜的同类物品，并将物品运往地中海各地。也就是说，迦太基人是商品流通的专家，是天赋的商人。他们最厉害的"武器"是大量的运输工具。

一个国家的经济繁荣离不开教育。现在我们讲尖端科技、技术教育，在两千多年前的地中海世界，能充分发挥力量的便是商业知识，而最热心钻研这方面知识的正是迦太基人。

J.杜丹这样描述迦太基对年轻人的教育：

首先，必须培养他们对到远方工作的热忱，训练他们对商业的敏锐度、对金钱的执着追求、对财富强烈的渴望以及随机应变的能力；帮助他们提高在不利的处境下保护自身利益的能力；教导他们遵从强者，轻视弱者。

通常而言，人们对于别人赚大钱肯定不会感到高兴，不但如此，还会产生羡慕、嫉妒的情绪，甚至恶语相加，所以会做生意的迦太基人在当时很难获得好的评价。

迦太基只从政治和商业利益的角度来运营整个国家。对迦太基人来说，从事商业是他们唯一的人生目标，其他事务都必须围绕商业运转。遗憾的是，导致迦太基灭亡的也是商业。

最后，J.杜丹一针见血地指出：迦太基兴亡的历史，清楚地反映了其文明的浅薄和脆弱。迦太基人为了获得财富开出一条血路，但除了经济上的发展之外，他们从未设法努力追求政治上、知识上或伦理上的进步。

❖预知命运的叙事诗

我去过迦太基的比尔萨山丘三次，第三次造访那里，是某一年乍暖还寒的3月。当时非常寒冷，天气变化不定，时而晴天时而多云，还偶有阵雨。

我每次来到比尔萨山丘，当地政府所进行的迦太基遗迹挖掘工作都有新的进展，以前踪迹全无的迦太基城开始逐渐展现它的容貌。

当地的考古工作者从比尔萨山丘下面挖出来的是富商们

的住宅。每位富商家里都有一个放置橄榄油或葡萄酒坛子的地方，占地并不大，但地板上铺着马赛克。富商的每个房间里都摆放着一些象牙雕刻品、希腊风格的花瓶或神像等装饰品。在挖掘现场，我们还能看到住宅外墙的一部分装饰、屋内的一些房间、水井、贮水槽等。仅仅通过这些，我们都能猜想到两千多年前迦太基人的生活是多么富有。

我参观迦太基遗迹时天正下着雨。顶着寒冷的细雨，我慢慢地走向富商们的住宅所在的街道。当时迦太基的富商们修建住宅时将地基挖得很深，所以使得住宅前面的地面较高，像个小山丘。在山丘之上，罗马人建造了许多大柱子，柱子高高地耸立着，给人一种威严感。从柱子的下方，我们可以看到迦太基的街道。

"你过来看一下，"我的向导、突尼斯友人陶费克把我带到一个断层前面，说："你看，这一层就是在第三次布匿战争时被西庇阿烧掉的迦太基。"说完，他用手指抠掉断层里的泥土。

断层里的灰烬有好几厘米厚，消失了的迦太基被封存在那里。这好几厘米厚的灰烬，道尽了两千多年前的经济大国和商人国家的悲惨命运。

我取出一些灰烬放在手掌上，然后凝视着灰烬。突然间，我似乎听到了迦太基灭亡前人们凄惨的呼叫。

在迦太基遗迹，到处开着不知名的野花。我上一次来这里是5月，当时遍地盛放着含羞草花，比尔萨山丘看上去像披了一层黄金，但是现在放眼望去，不知名的野花让比尔萨山丘好像褪去金片一样暗淡无光。

眼前的这一幕使我回想起盖维斯·屋大维·奥古斯都时代的罗马诗人维吉尔未写完的叙事诗《埃涅阿斯纪》的内容。他在这部作品中用抒情的手法描写了罗马帝国建国的始末。一般认为罗马的建国始祖是罗慕路斯,维吉尔却说在那之前就有下面这则故事。

很久以前,一位将领从沦陷于希腊军队的特洛伊城里逃出来,在海上漂流了七年之后,到达北非的迦太基。这位叫作埃涅阿斯的特洛伊英雄,在那里受到迦太基女王狄多的款待,并受到严密的保护,过着幸福的生活,但他一直有一个愿望,那就是重建特洛伊城。

狄多女王疯狂地爱上了埃涅阿斯,在一次一起出门打猎时与埃涅阿斯成了真正的情侣。狄多想和埃涅阿斯结婚,婚后一起统治迦太基,但埃涅阿斯不愿放弃重建特洛伊的梦想,于是送了一把剑给狄多留作纪念之后,偷偷离开迦太基,航向意大利。狄多悲伤不已,准备好死后火葬的柴火,用埃涅阿斯送给她的剑刺胸自杀了。

登陆意大利半岛的埃涅阿斯最终重建了新的特洛伊城,也就是罗马帝国……

我们并不清楚维吉尔是依据什么构想的这个传说,但是,这个传说可能在很早以前就传到罗马了。如果这个传说是真的,我们只能说造化弄人。迦太基的创建者狄多女王热情接待了埃涅阿斯,并像亲人般照顾他,但埃涅阿斯没有珍惜狄多女王的爱情，来到意大利建立了罗马。后来，迦太基被罗马所灭。

那位背对着火势凶猛的神殿、责骂投降罗马将军小西庇阿的丈夫后，投火自杀的哈斯德鲁巴的妻子，在我的心中，她的影像跟狄多重叠在一起。

我握着那一小撮灰烬，回到比尔萨山丘，脚边被雨淋湿的黄色花在海风中摇曳。我觉得这些花看上去就像迦太基不顾一切赚来的虚无的黄金，而每一朵花都好像在证实人类历史般轻轻地点着头。

❖鲜血写成的遗书

迦太基到底做错了什么？追求财富就会招来大祸吗？

事实并非如此！在延续至今日的人类历史中，有哪个民族不追求财富？只要是人，谁不想积累财富，过富裕快乐的生活呢？迦太基的悲剧不在于他们的经济活动，迦太基的命运不是由于对黄金的追求而造成的。他们的过错在于，除了追求黄金之外，还是追求黄金。

从很早以前就是迦太基竞争对手的希腊人也经商，希腊人可以说比迦太基人还狡猾。希腊也曾被罗马征服，但是它所创造出来的文化，直到两千多年后的今天仍然光芒四射，也就是说，希腊文化仍然活在现代。

为什么会这样呢？因为希腊人有明确的人生目标，只把金钱当作手段，依靠财富去创造文化。所以，希腊虽然被罗马征服了，希腊的文化却征服了罗马，给人类留下了丰富的遗产。

与创造了灿烂文化的希腊相比，迦太基只留下一样东西，那就是迦太基人用鲜血写下的遗书。在这份可以说是启示录的遗书里，给人印象最为深刻的教训是："人类不能只为金钱而活着。"

后记

吸取历史的教训

森本哲郎

回想起来，我第一次造访北非地中海沿岸的美丽城市突尼斯，已是二十年前的事了。那时我是先横越撒哈拉沙漠，然后才到达突尼斯的。

当时最先去看的，是位于海边的古代遗迹。遗迹已经被规划成公园，被各种红的、黄的、紫的花草所覆盖。花草的尽头是湛蓝的地中海。我漫无目的地走在遗迹公园里，内心充满了日本人所特有的感伤。

虽然那时离夏天还早，我却不禁感伤："夏草和士兵全都化为一场梦。"虽然这么感慨，但那时根本不知道这个遗迹中有着怎样的故事，也没想过要去调查研究，因为当时我在那里看到的与我在北非各地看到的罗马遗迹几乎一样。我只是惊叹于罗马帝国竟然拥有这么大的版图。

后来，当我听说遗迹下面埋着被罗马彻底毁灭的迦太基时，我就很想知道这个国家的悲剧历史。于是，从突尼斯回到日本后，我就立刻开始查找资料，想弄清楚罗马和迦太基之间究竟发生过什么。

罗马和迦太基之间的战争通常被称为"布匿战争"。"布匿战争"一共发生了三次，时间跨度从公元前264年一直到前146年。其中最有名的第二次布匿战争又被叫作"汉尼拔战争"，因为迦太基的这位勇将带着大象翻越了阿尔卑斯山，攻入意大利半岛。

当我阅读汉尼拔的传记、弄清楚布匿战争的经过时，我才知道这场战争的起因在于"经济摩擦"。迦太基的商贸活动在当时招来了希腊和罗马的反感，也使得周边的所有民族都成了他们的敌人。我想让大家知道迦太基当时的情况和现在日本的处境是多么相似，所以想更详细地探求布匿战争的真相。

为了这件事，我第三次造访迦太基——今天的突尼斯，也跟当地的朋友谈到此事。我的兴趣渐渐移到迦太基上。如果可能的话，我想追寻汉尼拔的足迹。汉尼拔曾率领大象部队翻越比利牛斯山，渡过罗纳河，踏破阿尔卑斯山，进入意大利。我实在无法相信两千多年前他能做到这种事。

于是我从以前的迦太基出发，渡过直布罗陀海峡到达西班牙。之后从迦太基在西班牙的据点新迦太基城（今卡塔赫纳）出发，越过比利牛斯山来到法国，渡过罗纳河后到了格勒诺布尔，并从那里翻越阿尔卑斯山。当时，我坚持要求带几头大象同行，因为我想实地验证一下大象能否翻越阿尔卑斯山。非常幸运的是，东京广播公司"新世界纪行"的工作人员看我对迦太基的历史这么着迷，便向我表示他们对此有兴趣，支持我做这样的实验。我心中大喜，向他们表明我愿意帮忙，然后跟他们一起去了。

电视拍摄非常辛苦，幸运的是我们得到了各方人士的支持。除了突尼斯政府协助我们拍摄之外，西班牙、法国、意大利等国也在我们进行拍摄工作时给予了特殊照顾，这些支持让我心存感激。我实地验证布匿战争的工作也得以顺利进行。

越是深入调查，我越是觉得两千多年前繁荣一时的"通商国家迦太基"和现代日本的处境非常相似。撰写本书时，我深深地体悟到迦太基的悲剧历史实在无法一言道尽。我并不会轻率地把过去的历史和现代的问题联结在一起，不过无论如何，我们应该吸取历史的教训。如果读者能从迦太基的兴亡中获得一点启示的话，我就感到很欣慰了。

ARU TSUSHO KOKKA NO KOUBOU
Copyright © 1993 by Tetsuro MORIMOTO
First published in Japan in 1993 by PHP Institute, Inc.
Simplified Chinese translation rights arranged with PHP Institute, Inc.
through Rightol Media Limited

版贸核渝字（2019）第005号

图书在版编目（CIP）数据

迦太基启示录：海洋帝国的崛起与覆亡 /（日）森本哲郎著；刘敏译. -- 重庆：重庆出版社，2020.7
ISBN 978-7-229-14953-6

Ⅰ. ①迦… Ⅱ. ①森… ②刘… Ⅲ. ①迦太基－历史 Ⅳ. ①K414.2

中国版本图书馆CIP数据核字（2020）第046854号

迦太基启示录：海洋帝国的崛起与覆亡

[日] 森本哲郎　著　刘敏　译

策　　划：华章同人
出版监制：徐宪江
责任编辑：陈　丽
责任印制：杨　宁
营销编辑：刘晓艳
装帧设计：潘振宇　774038217@qq.com
项目合作：锐拓传媒copyright@rightol.com

重庆出版集团
重庆出版社　出版

（重庆市南岸区南滨路162号1幢）
投稿邮箱：bjhztr@vip.163.com
三河市宏盛印务有限公司　印刷
重庆出版集团图书发行有限公司　发行
邮购电话：010-85869375/76/77转810

重庆出版社天猫旗舰店
cqcbs.tmall.com
全国新华书店经销

开本：880mm×1230mm　1/32　印张：7.375　字数：150千
2020年7月第1版　2020年7月第1次印刷
定价：49.80元

如有印装质量问题，请致电023-61520678

版权所有，侵权必究